これで、成功！テレビCMのウラオモテを教えます

Keiji Miyazaki
宮崎敬士

牧野出版

はじめに

「宮崎さんを講師に入れるとお客さんに警戒されちゃうんですよ。だって代理店でしょ。営業されちゃうんじゃないかって」

某セミナー運営会社での1コマ。

このセミナー会社は、コピーライター養成講座とか、マーケティング関連、広告全般のセミナーを行っている。

当時、私はこの会社の動画講座というセミナーで講師として、動画の制作方法や考え方を教えていた。

対象となる生徒は主に、企業の広報マンたちだ。

その担当者から、「今度、ローカルCMを対象にした講座を開設しようと思うんですよ、宮崎さんに講師を依頼しようかと思っていまして……」

と、ちょっと歯切れが悪い。

その理由が冒頭の言葉なのだ。

私は映像制作者である。

１９８６年にテレビ番組制作会社に入社以来、番組を中心に映像制作を行っている。２００３年に独立し、映像制作会社・メディアジャパンを設立。その半年後にメディアジャパンエージェンシーという広告代理店を設立した。

広告代理店を設立したのには理由がある。

制作会社だけでは、テレビ局からＣＭなど放送枠の買い付けができにくいのだ。通常、制作会社はテレビ局から、番組制作を請け負っている下請けの立場。その制作会社が局の放送枠を購入するとなると、１つの案件の中で、お金の流れが行って来いになるため、商的に難しいのである。

独立して仕事を始めてみると、ＣＭや特番など私が思っていた以上に放送枠の購入希望の企業が多かったのだ。

そこで別会社として広告代理店を設立、今に至る。

「確かに、私は代理店をやっていますが、番組制作者でもあるので、私はホントのことを言いますよ。もしＣＭがものすごい効果があるのだったら、今、局のＣＭ枠って空いていません。

空いているということは、ＣＭをやめる会社も、たくさんあるということです」

「なるほど」担当者はうなずき、私の講師は決定した。

しかし、自爆営業とはこのことかも、とちょっと反省もした。

ただ、これは事実なのだ。やめる会社はたくさんあるのだ。

宮崎さん、ＣＭって効果ありますか?対費用効果はどうなのでしょうか。

良く聞かれる。

私にとってこれは愚問だ。

費用に見合った効果があったら、みんなやっているしやめないのだ。

私の答えはこうだ、「やってみなくちゃ、分かりません」

一見、無責任のように聞こえるかも知れない。

しかし、その後にこう続く。

「目的を何にするか次第で上手くいく」と。

続けている会社ってどんな理由でやっているのか。

それは簡単。目的が明確なのだ。

時間を掛けてもよいから知名度を上げたい、ＣＭをやっている会社だという安心感を伝えたい、など。

そのための費用として、年間で枠を決めている場合が多い。


その一方で、変わった依頼もある。

その会社からは、社長自ら電話が掛かってきた。

「一回こっきりでよいから、ＣＭを放送したい」と言う。

その会社は金融投資会社。お客さんへの安心感を伝えたいので、ＣＭが放送できる会社と言いたいというのだ。

ＣＭを放送するには、考査があり基準に達していなかったら放送できない。

それを利用したいという。

確かに1回でも放送すれば、ＣＭをやったとは言える。

CMは15秒、1回分から購入できることはあまり知られていない。

実際、本当に1回だけ放送した。

目的は達成されたといえる。


一方、ダメなのは「なんとなく一度、やってみたい」的な、目的が曖昧なケースだ。やってみて、反応が見たいということ。

私も積極的には勧めないが、やってみたいという気持ちは分かる。私も営業的にはメリットがあるので、とりあえずやってみましょうとなる。

しかし、このケースはなかなか成功しない。


もう1つ、難しいと感じているのは、今まで世の中に無かった商品やサービスを伝えること。

新しいサービスや商品を伝える場合、クライアントも初めてCMをやることが多く、慣れていないことが多い。

せっかくの機会だから、あれも言いたいこれも言いたいと、内容を詰め込みたがる傾向にあるのだ。

しかし、所詮15秒だ。詰め込みすぎて伝わらない。

15秒ってアッという間なので、今の何だっけ？　となる。

本と違って読み返しがきかないし、続けて同じＣＭが流れることもない。

よって伝わらないのだ。


私は２０１３年に『小さな会社でもできる「テレビＣＭ完全ガイド」』という本を上梓した。

本を出すにあたり、あまりネガティブな事は書かなかった。

せっかく購入頂いた方にマイナスなことを伝えるのはどうか、と思ったからだ。

おかげさまで、本を読んだ方々から多くのお問い合わせをいただき、仕事の依頼が増えた。今も度々、読者からはご連絡をいただく。


あれから、４年。

この４年の間に起きた出来事を綴っていこうと思う。

成功例だけでなく失敗例を載せ、結果の分析をしてみたいと思う。

そうすることで、私自身も勉強になるし、皆さんには幅広く考えていただけるかと思う。

ＣＭを成功させるために必要なのは、目的を明確にすること、ある程度の予算を掛けること、ターゲットを絞り込むことだ。

自身の糧となることを念じつつ、今回、筆を執ることにした。

２０１７年４月末日

宮崎敬士

これで、成功！テレビCMのウラオモテを教えます◎目次

装丁・本文デザイン◎神長文夫＋坂入由美子

これで、成功！
テレビCMのウラオモテを教えます

第1章

小さな会社のテレビCMは、まだまだやり方次第

多くのビジネス本は成功体験のことしか書かないと思う。それが王道だと思う。

成功者になる一つの方法として、脳にマイナスイメージを持たせないというのがあるそうだ。その方法として、ネガティブ情報は一切入れないというのだ。

つまり成功、成功を刷り込むのである。

それも一計だと思う。


この本もビジネス本の一端でもある。

しかし、ことCMに関しては冒頭の「はじめに」で書いた通り、それでは私は不十分ではないのか、と思うのだ。

今、放送しているCMの多くは、CMによって何かしら成功したか、成功している企業だ。

失敗して、撤退した企業のものは忘れ去られるか、目にしても覚えていない。

だから、撤退したのであるが……。

つまり多くの人は、失敗したケースを見ているのだけれど、ほとんど覚えていないのである。

しかし、私は覚えている。体に刻んでいる。

それは、自らアイデアを出し制作するという過程は、自らが作り出した子供みたいなものだ。

ＣＭは大切に生み育てるものと私は考えている。

生むというのは、ＣＭの動画を作り出すこと。育てるというのは、局を決めてどの時間帯にどれだけの量を放送するか、つまり環境の設定である。

それは、まるで我が子を勝つか負けるかという戦地に送り出すことのようだ。

その結果、スゴイ問い合わせが増えたという場合もあるが、多くの時間と予算をかけたにも関わらず無反応なこともある。

それはまさに、戦死、討ち死になのである。その失望感、脱力感たるや、かなりへこむ……だから、私は覚えているのだ。

もちろん、私以上にクライアントの失望感はもっと大きいのは承知している。

前著、２０１３年に『小さな会社でもできる「テレビＣＭ完全ガイド」』を出版以来、実に多くの企業の方から問い合わせをいただいた。

全部、成功とは言えない。成功している例もあれば、失敗もある。

経営者の中には、失敗などない、成功するまでやり続けるから、という方もいる。

実は、私もこの考え方に近い。

手を変え品を変え、やり続けることが大切だと思うからだ。

しかし、CMというのはクライアントがあって成立するわけで、反応が良くなくなくやめてしまうのは、失敗と言わざるを得ない。

私がいくら、成功するまでやり続けましょうと言っても無意味なのだ。

成功の裏には、失敗というものが当然、潜んでいる。その失敗の分析を差し置いて、成功はないと考える。今回の本は、いわゆる失敗という部分に触れながら、今までの軌跡を振り返ってみたいと思う。


今回、私が手掛けた案件ではなく、CMの効果で伸びていると思われる企業に取材の申し入れを行った。今までの試行錯誤の苦労話を取材したかったのだ。

しかし、タイトルに入っている「失敗」という言葉に敏感なのか、結構、断られ取材は難航した。私に知名度がないことも、災いしていると思われるが……。

とは言え、私が親しくしているクライアント数社は、成功していない実態も含めて、快く許諾をいただけた。今まで苦労を共にしてきた我が同志たちである。

成功、失敗、そしてまだ道の半ばなど、様々な例を挙げながら書き進めていきたいと思う。


まずは、成功例。

私の前著を読んでいただき、トップ自らお電話をいただいた。

ずばり「テレビＣＭをやりたいので、提案してほしい」という内容、うれしい限りである。喜び勇んで出かけた。

岡山県との県境に位置する広島県福山市に本部を構える、税理士法人タカハシパートナーズ。駅から徒歩７、８分という立地に４階建ての自社ビルを構えている。

結構、景気が良さそうだ。

名刺交換後、開口一番、代表の髙橋さんは私にこう言った。「うちは他の税理士法人と違って、相続専門にやっているんです。相続ってやり方次第というか、税理士の腕次第で納税額は随分変わるんだけど、世間ではあまりその違いや、専門性を知られていない。だからＣＭをやることで他と違う、決定打を出したい」

そもそも私は過去、税理士法人のＣＭというのは、見たことがない。

昨今、弁護士と司法書士のＣＭは良く見かけるが、税理士となるとおそらく全国的に見ても少数であろう。

私は経営者なので多少、税理士の仕事は理解できるが、どう見せたら伝わるだろうか。この手の士業の画というと、先生とお客との相談シーンが定番なのだが、それではあまりに単純だ。

さらに相続の専門となると何を撮影したらよいのか、どんなストーリー展開がよいのだろうか。ちょっと考え込んでしまった。

そこで一案を提示した。

日本の場合、比較広告が認められていないので、どうかと思いながらだが。

「例えば、〈目の前に山盛りの金塊がある。他の税理士事務所に頼んだら、ちょっとしか残らなかったけど、タカハシパートナーズに頼んだら、たくさん残って良かった〉みたいなのが分かり易くてよいと思いますが、いかがでしょうか？」

髙橋さんは、ちょっと微笑んでこう言った。

「それはダメですね。お金が儲かると勘違いされる可能性があるしね」

後は税理士の倫理観だそうだ。税金を納めるのが国民の義務だから、税理士の仕事は納税をスムーズに行うことが仕事。

あくまで節税であって、たくさん残ったとかたくさん節税できたとか、そういう表現を使うことはダメだという。


ならば、取材して実際に行っている事を画にする方法はないか。

具体的に他の税理士事務所とどうやり方が違うのか、聞いてみた。

「あくまで一つの例ですよ。例えば土地ですが、他の税理士はあまり現地には行かないで、地図でやってしまいます。しかし私たちは現地に行って土地を計測します。そうすると意外にも、登記されている土地より狭かったり、広かったりするんですね。つまり昔に計測しているのでだいぶ、ずれがあるんです。そうした正確なデータを積み上げることによって、正確な納税額が出てくるのです」

なるほど。ちょっと分かった。

でも、税理士にメジャーを持ってもらい、土地を計測している動画を作成、「足で稼ぐ税理士」と銘打つのはどうか。

きっと、それでは、相続を専門にしているということは伝わらないであろう。CMは、たった15秒の世界である。むしろ、意図が伝わらない意味不明のキワモノCMになりかねない。

その他、他とどう違うのかしつこく聞いた。その事をここで書いてしまうと、髙橋さんの手法をばらしてしまうので、省略する。さらに髙橋さんがCMに持っているイメージとか、どこの局で放送したいかなどを聞き出して、新幹線に乗り、帰路についた。

しかし、私はどう頭をひねってもノーアイデアであった。

翌日、私一人で悩んでも仕方ないので、制作のパートナーに電話することにした。

私の立場は、プロデューサー、つまり管理監督者であり、実際の映像は監督が作ることとなる。弊社の社員も監督を務めることがあるのだが、どちらかというと、私と同様、現場を取材して画を探すタイプが多い。

今回は、取材というよりアイデアで勝負だ。その適任者がいる。アイツなら良いアイデアを出してくるに違いない。今までも、アイデアが出なくて困っている窮地を何度も救ってもらっているのだ。

東京に住んでいる粟野文哉というフリーの監督である。粟野はアイデアも出せるし、絵コンテが描ける。色白で大柄な男であるが、絵コンテはかわいい女子を描いてくるのだ。そんなギャップも楽しめることもあって、私はかなり多くの作品を粟野に制作してもらっている。

「宮崎です」

「あ、どーもー粟野です」こんな感じでいつも軽い。

「CMの相談なんだけど、ノーアイデアだけど良い？」

「あっ、いいっすよ。どんなん？」

「税理士法人なんだけど、相続を専門にやっているんだわ。その相続が専門ってことを伝えたい」

「うーむ……。難しいっすね。期限はいつまで？」

「1週間でどう？」

「了解です」

「一点、お願いがあるんだけど。税理士だから、この人がやってくれる人って分かった方がよいと思うんだわ。ラストカットは代表の髙橋さんの笑顔で締めたい」

「その人、笑顔ステキ？」

「大丈夫。笑顔は、かわいい」

「了解です、ではその税理士法人のホームページアドレスを送って〜」

こんな内容の電話だった。いわゆる阿吽の呼吸ってやつである。

通常は私から、こんなアイデアでどう？　などとぶつけてブリーフィングをするのだが、今回、私はノーアイデアだからやり取りは無い。

ただラストカットだけは指定した。税理士って、なんだかんだ言ってもサービス業だ。

サービスの基本は笑顔。笑顔は一番、気持ちが伝わるのである。

きっちり一週間後に、粟野からは数点のアイデアと絵コンテが送られてきた。

今回は難しい内容だけに、絵コンテを見るのがドキドキだ。

送られてきたメールの添付ファイルを開けた……数案入っていた。さすがだ、素晴らしい。ちゃんとツボをついている。特に素晴らしかったのは、この絵コンテ。

専門性という言葉のもつイメージをうまく利用してまとめている。

仕事の内容にこだわらず、言葉の遊びというアイデア。この方向性のアイデアは私には全くなかったので、粟野に感謝した。ほぼこれが通るだろうと予測できた。というか、これを通したいと思ったのだ。

タカハシパートナーズ様　TVCM案　まかせとけ！

ラーメンのガンコおやじ
語る！

（ガンコおやじ）

世の中に
ラーメン屋は
数々あれど

トンコツなら
まかせとけ！！

（NA）
ラーメンにも
専門性が
あるように
税理士にもある！！

それぞれに
専門分野が
あることをアピール

相続なら
この男に
まかせとけ！！

タカハシさん
登場

タカハシパートナーズ

よろしくです…

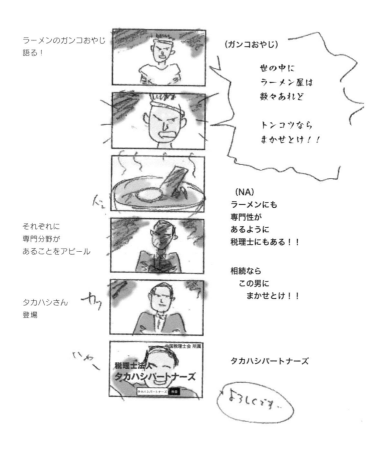

プレゼンには複数の絵コンテが必要になる。というのは、これが本命であるということを際立たせるために、あえて普通の作品を入れたり、もっととんがった作品を入れたりする。結局、４つの絵コンテを完成させプレゼンに臨んだ。

後日、部下の巖田を伴って再び福山市、タカハシパートナーズの本部を訪ねた。巖田を連れて行ったのは、今後、仕事を進める上で分業を考えていたからだ。私は動画部分に専念し、巖田に局との枠交渉を任せるという段取りである。局との交渉は数をこなしている方がスムーズであり、既に広島の局との仕事を持っている巖田の方が適任なのである。

プレゼンの席には代表の髙橋さん含め、３名の方が参加した。私は絵コンテを配布し、それぞれの狙いを説明した。もちろんこれが本命、おすすめ作品ですなどとは、言わない。

皆が、じぃーっと絵コンテに見入る中、まずは髙橋さんが口を開いた。

「ラーメン店と一緒だとなぁ……」

狙い通り、ラーメン店に反応した。しかし、髙橋さんのぼやきは別の意味があった。

「この専門性ってのは、すごく良いのだけど、ラーメンかぁ……」と髙橋さんの顔は少し曇っている。


はっきりおっしゃらないのだが、どうやら、ラーメン店と同じ扱いなのがお気に召さないようなのだ。税理士の国家試験はかなり難易度が高く合格者は少ない。ラーメン店ももちろん経営は大変だし、開店する上で食品管理者資格は必要であるが、難易度が高い国家資格ではない。


事情を感じとった私は髙橋さんに言った。「このラーメン店の専門性っていう部分を表現する案で基本線はオッケーですか?」

「はい、良いと思います」参加した社員の方々も全員、うなずいた。

「ではもう一案、検討しますからもう少しお時間をください」

この時、実はもう一案はすでに考えていた。この粟野からの絵コンテを受け取ったとき、もう一案出すなら、あの職業しかないなと思っていたのだ。

そしてもう一案というのが、医者編である。

これで髙橋さんは納得してくれるはずだ。

しかし、私はインパクトがある分、ラーメン店で押したかった。

この絵コンテを見る限り、同じセットの中で役者を入れ替えれば、1日で撮影可能だ。あとは、スタジオ近くにラーメン店の撮影場所さえ確保できれば1日で撮影できる。

医師編だけで行くか、ラーメン編もセットで撮影するか、あとは予算次第である。

医師編は、歯科医、麻酔科医、外科医役とタレントが3名必要となる。さらにラーメン編となると、ラーメン店の店主役が必要となる。合計で4名、タレントの経費だけでも結構な額になるのだ。

数日後、福山のタカハシパートナーズ本部を訪ねた。

医師編の絵コンテを見せたところ、一同、納得したような、良かった感がある和やかな空気が流れた。

タカハシパートナーズ様　TVCM案　その専門にまかせろ！

様々な医者達

外科医です

麻酔科医です

歯科医です

文字でアピール

（NA）

同じ医者でも

専門性があるように

タカハシさん
登場

税理士にもある！！

相続なら
この男に
まかせとけ！！

タカハシパートナーズ

よろしくです〜

「僕も医者かなと思ってたんだよ」とは髙橋さん。

「これで行きますか？　せっかくだからラーメン編と合わせて1日で撮影できますから2本制作しませんか。タレントの経費はかかりますが、放送も交互に変えて放送できるので、変化がついて良いと思いますけど」と私から誘い水を出した。

「いくらくらいかかるの」と髙橋さんがおっしゃるので、私は1本の場合とセットで制作した場合の2本分見積もりを渡した。

税理士相手に、見積もりなど数字のものを見せるのは、ちょっと緊張する。

「思っていたより金額がかからないから、両方とも制作しましょう」

と髙橋さんがおっしゃった。


もちろん、この絵コンテを説明する上で、ラストカットには笑顔の髙橋さんにご登場いただくことは説明済みだ。嫌がられるかなと思ったけれど、「街を歩けなくなるなぁ」とご当人も満更でもなかったことを加筆しておこう。

税理士法人 タカハシパートナーズ

創　業　1986年（昭和61年）
代表者　代表社員税理士 髙橋 雅和
社員数　29名
本　社　広島県福山市西町3-10-37タカハシパートナーズあんしんビル
支　店　岡山市北区本町6-36　第一セントラルビル8F
事業内容　法人税法、所得税法関連業務／資産税関連業務　など

相続専門チーム、法人税チーム、所得税チームと、それぞれが専門性をもって業務に取り組んでいる。2015年に基礎控除が大幅縮小されたため対象者は増え、それに伴う増税と申告期限の短さもあって、困っている人が増えています。

■インタビュー

髙橋雅和氏

税理士法人タカハシパートナーズ　代表社員税理士

広告の相乗効果としてCMが生きてくる

じつは私、テレビはあんまり見ないんです。だから、正直にいうと今回のＣＭも、まだ見ていません。自分の顔が思いっきり出てくるんですけどね（笑）

いろいろな媒体に広告を出しているんですが、税理士業の集客は本当に難しいんです。どうしたらいいんだろうと思っていたときに、宮崎さんの本を読ませてもらって、そういうのもありかなと。

現状の打開策として、広く周知させるものとして、ＣＭをする決意をしました。

インパクトも十分あり、高い専門性をもっていることを全面に打ち出したＣＭを作りました。ＣＭで知名度を上げれば、ほかの媒体やホームページとの合わせ技で来てくれると思って。

直接、どの広告の効果があるかというより、テレビを見て、新聞を見て、何かあったときに思い出してくれる。そういうことだと思うんです。一つだけの媒体で、ってことはあまりないと思いますね。

CMを放送後、実際にお客様の相談を受けるときに「CMを見たよ」と言ってくれる方がたくさんいらっしゃいます。

お客様は「安心感」もあるのでしょうね。私の顔がデカデカと出てくるもんですから、「あ、テレビに出てる人ね」と(笑)すると、話も一歩踏み込んだところからできるんです。意外なメリットでしたね。また、紹介で来られる人もいますが、紹介してくれる人が「テレビに出てるところ。大きいところですよ」と言ってくれます。

当初は、広島だけで放送していたのですが、支店がある岡山での知名度が低いこともあって、岡山でも放送を始めました。

CMを始めてから、相続の受注件数は広島の本部事務所が5割り増しほどで、岡山の支店では倍近く増えています。

事務所の特徴や他との違いをＰＲするのは難しい

じゃあ、それが「タカハシパートナーズは他とは違う、きちんとやってくれる税理士事務所である」と伝わっているかといったら、それは難しいですね。

ＣＭで訴えることではないと思うし、「他はこうだけど、うちはこうだ」という比較もできない。

何が一番難しいかというと、一般の多くの人たちが「税理士って、どこでやっても同じだよね」というイメージを持っていること。

「だったら安い方がいい」となりがちです。「税理士は、基本的に法律で決まっていることをやるだけ」という感覚を持たれてしまっているんです。

直接お会いして、「うちは違うんですよ」と言ってもなかなか伝わらない。相続はとくに、何回も経験するわけじゃないから難しいですね。

実際に、他の税理士の申告書を見ると、間違いが結構あったりします。それを指摘すると「あ、こんなに違うんですか」となりますが、その時にならないとわからない。指摘するまでは「それが正しい」と思っているわけですから。仕方のないことですが、税理士が出す書類はすべて「正しいもの」と思い込んでしまうんです。

税理士を比較するってこと、あまりしないですよね。

専門家から見ると、レベルの差はかなり大きいんです。例えば、元税務署の職員だからとしても、彼らは一つのことしかやっていないので、それ以外の分野、ましてや相続となるとやっぱり違う。また、今の世の中のことをわかっていないといい相続はできないので、そうした違いも出てきます。

だから、いろんな媒体を使って「そういうものじゃない。実際はこうなんだよ」と伝え続けるしかないんです。それしかないけど、なかなかわかってもらえないというジレンマがあります。

うちは、相続専門の税理士チームであることが強みなのですが、他の税理士事務所も相続をやり始めたことも苦戦している要因の一つです。

でも、そのほとんどが相続をやれる体制を整えているわけじゃないんです。相続案件が増えているから「やれる」と言うけれども、仕事を受けてから勉強するところも多いんですよ。

気づいてもらうには何が必要か、模索中

本来は、発生しそうなリスクを極力減らすことが相続対策です。「亡くなったからどうしよう」となると、急いで相続税対策をする必要があるから、多くの人が困ってしまいます。人によってはマンションなどを建てると、何千万円という相続税が下がる人もいます。でも、20年、30年経つとマンション経営による効果がだんだん薄くなってくる。

時間が稼げるわけですから、その間に地道な対策をとればいいんです。1回やれば終わりではなく、その時々に応じた対策を続ける必要がある人もいます。

また、農業を継ぐ人が減っているのも、相続で困る人が増えている要因の一つです。機械などに投資しながら農業を続けるのは、やっぱり厳しい。だったら相続税対策

をやった方がいいという人も多いですね。

ただ「相続税対策は早い方がいいですよ、長期的にやりましょう」とアピールをするのも、違う気がする。わかってもらうにはどうしたらいいんだろう、どうすれば伝わるのかと、年中ずっと考えています。

例えば、最近増えている「法律事務所の借金問題ＣＭ」のように、あれを聞いたら「あ、私もそうかも」と思える、そんな気づきを与えるようなＣＭも必要かもと思いますが、具体的にはどうしたらいいか分からないんです。

ただ、インターネットもどんどん利用していかないと、これからはより難しくなるんじゃないかと思っています。今は、テレビＣＭを見て、ホームページを見て来るという流れができているから、いいんでしょうね。

将来の目標に向けた先行投資としてのCM

相続の準備をしていないと、いざという時に慌てます。どこに頼めばいいかわからない。じゃあどこに行くかというと、銀行などに行って、そこの知っているところに連れていかれる。または、誰かに聞いて知り合いの税理士のところに行くという人がほとんどじゃないでしょうか。

そうではない人がうちの事務所に来られますけど、まだ私が期待しているような結果にはなっていないんです。ＣＭをすることで確実に知名度は上がっています。

でも、名前が知られているからといって、お客様になるかどうかは別の話ですよね。どこかで「相続は専門の税理士へ」が一般的となるようなきっかけがほしいと思っているんですが。そのための先行投資をコツコツとしている状態です。ＣＭを始めて3年目ですが、まだその状態です。

でも、未だに同業他社のＣＭはあまり見ませんね。大手の税理士法人が1つやってるくらいでしょうか。

効果が難しいから、同業他社もＣＭはやらないと思うんです。うちは個人がターゲットなのでまだ訴えるものがありますが、法人ターゲットとなると、もっと訴求すべき内容が難しくなる。だから、みなさんＣＭはしないんでしょうね。

何をしたら、最終的な決め手になるのか。「相続は専門の税理士へ」が常識になるような、社会が一変するようなきっかけが欲しいところです。

ＣＭをやると、ある程度の結果はある。会った人に「見ましたよ」と言われますし、売上も上がっている。その先で、価値観が爆発的に一変するには何が必要かというのが当面の課題です。

髙橋さんは、ほぼ私が提案したとおりに実行していただけた好例である。

税理士はサービス業だが、その一方、あまり実態が知られておらず、先生と言われる業種だけに怖い存在みたいな側面はある。

だから、代表者の顔を出した方が安心感が伝わると私は考えたのだ。

髙橋さんのインタビューにあるように、顔出しは大成功だった。

残念なのは、ご本人がテレビを見ないことなのだけれど（笑）

では、もう1例、成功例をご紹介しよう。

以前はCMを放送していたのだが、反応がいまいちでやめてしまっていたが、同業他社との差別化を図りたいということで復活。

4社のプレゼンであったが、私が勝ったのが、2012年。

それ以来、ずっと私が担当している。

質屋さんのチェーン店で、CMを放送以来お客さんも増え、店舗数も増えている好例である。

かんてい局（FTC株式会社）

創　業　1982年（昭和57年）
資本金　2000万円
代表者　代表取締役社長　安藤良一

社員数　90名
本　社　岐阜県大垣市笠木町260‐1
事業内容　質屋かんてい局、リサイクルマート、買取専門店のフランチャイズ本部及びオフィシャルショップの運営
新規事業、IT関連、WEBシステムのディベロップメント

質屋かんてい局は、愛知県・岐阜県を中心に、北海道から沖縄まで直営店やフランチャイズ店を展開しています。

岐阜県大垣市に本社を置いて、中古事務機・ソフトウエア開発の会社としてスタートしています。その後、レコードレンタル、ビデオレンタルなど、時代に即して事業を展開し、質屋かんてい局は平成7年に岐阜市内にて1号店がオープン。やがて、フランチャイズ展開をはじめ、全国にネットワークを広げていきます。

2012年から、女装した男性という強烈なキャラクターで印象に残るCMを放送してきましたが、2016年にイメージをガラリと変えるCMに変更しました。

■インタビュー

渡邊裕基氏

FTC株式会社　プロジェクトマネージャー

「質屋はあやしい」のイメージを払拭するのはテレビCM

質屋ってやっぱり「敷居が高い、あやしい」というイメージが、まだまだ残っているんです。昔ながらの「本当に困ったとき、お金がないときに、最後の手段として行くところ」というイメージだったり、テレビドラマの影響からか「暗くて、なんだか怖いお兄さんが出てきそうな感じ」だったり。

でも、うちのお店はとにかくアットホームなんです。鑑定だけでもいいし、「なんかないかなー」と見にくるだけでもいい。

一般の方たちが持つ、ネガティブなイメージを払拭して、本来のお店とのギャップを埋めたいという思いが、ずっとあります。

そのイメージを変える手段のひとつが、テレビＣＭだと思いますね。

だから、かんてい局の名前を知ってもらうため、少しでも来てもらいやすくするために、２０１２年からずっとＣＭを続けています。おかげで、地元ではある程度は浸透しているんじゃないかな。「かんてい局＝質屋」だと。

２０１５年までは「タンスのこやし、待ってます。かんてい局」というフレーズのＣＭを数年間にわたって流していました。

これが、宮崎さんにお願いした最初の仕事だったかな。

女装している男性のインパクトが強くて、よかったですね。女装しているのは、じつは当社の男性社員。趣味で女装していまして、衣装は自前です（笑）あ、結婚していまして、子供もいますよ。

ユーモアがあることが、かんてい局の特徴を出しているとも感じてました。

社長ミッションは「おもしろくてインパクトのあるCM」

そしていよいよ数年間にわたって流していたＣＭを作り変えることになりまして、

私に指示が来ました。社長からのミッションは「インパクト重視で、来店したくなるCM。しかも、おもしろくないとダメ」というもの。

この「おもしろい」というのが、非常に難しい。正直、頭を抱えましたね。人によって捉え方はさまざまですから。

でも、これは社長らしい、当社らしいミッションなんですよ。

当社は、「簡単なことはいつでもできる。難しいことにどんどんチャレンジしていこう！」という雰囲気を大事にしていて、創業以来、「仕事は楽しむもの」をモットーとしています。自らの暮らしを充実させる、つまりお金や収入のために仕事をするのではなく、「仕事そのものを楽しむ」ことを、すごく大切にしている。スタッフや社員にも言い続けていますし、そうした雰囲気を大事にしているんです。

だからこそ、全力で応えて成功させたいと思ったんですね。

「高価買取」を一切言わないCM

今回のＣＭでは冒険したいな、とも思いました。質屋にありがちな「高く買います」といった言葉も一切入れたくなかった。

質屋のＣＭで、「高く買います。いらないものを売ってください、安心ですよ」といったメッセージがないものは、これまで見たことがないんです。ほかの質屋もそうだと思うのですが、質屋はどうしてもマイナスイメージがあるし、お店に来てほしいからつい「高価買取」を言いたくなっちゃうんです。

僕は、今までにない、インパクト重視のＣＭを作りたかったんです。今は番組を録画してＣＭは飛ばされる時代。また、ライブで見ていたとしても、なんとなく流れてしまうのがＣＭです。「え、今の何？」と、つい見たくなるＣＭ、インパクトがあってお店に来たくなるＣＭがいいと。もちろん、難しいし、完璧なものは作れないかもしれない。でも、最初から諦めたり、「まぁいっか」と妥協すると、そうしたＣＭは作れません。求め続けることこそが大切だと思ったんです。そうした思いを宮崎さんに伝えました。

宮崎さんは、うちと取引が長いし、うちの社長と親しくしていることもあって、内情をよくご存じです。うちの社長は、よくふらーっと海外に行く人なんですが（笑）、もちろん仕入れもしてきますよ。そのふらーっと海外に行くという感性の人だから、海外をベースにしたおもしろく、意外性があるものにしようって言ってくれました。

直前まで、社長にも全社員にも極秘に

そしたら、予想以上のものが提案されました。そして、直感的に思ったんです、「これはいい！」と。スケール感があって、バカバカしさもある。

これはうちの社長も喜ぶなぁと。

でも、ここでグッとこらえた。社長にも全社員にも最後まで内容は伏せて、もう作れるだけ作ってしまおうと。社長や社員に報告して意見を聞いてしまうと、自分の決意がブレると思ったんです。

チラシづくりや店づくりなどで経験していたことですが、いろんな人の意見が入ってくると、「あれもこれも」と入れたくなったり、変更するなどして、結局は何がや

りたかったか分からなくなることも多々ある。「これだ」と決めたら、あとは考えてくれたプロに任せてしまったほうがいいと腹をくくりましたね。

ＣＭには海外の映像がふんだんに出てきますが、これは全部有りモノ、資料映像なんです。これも宮崎さんからの提案でした。

こんな海外の映像がネットで安く売られているなんて知りませんでした。

アメリカ、ドバイ、ブラジル……これ全部、ロケに行っていたら、いくら制作費が掛かるんでしょう。１０００万円は超えたのではないかと思います。

でも、実際映像部分を購入した額は使ったのはその50分の１くらい（笑）

さらにビックリしたのが、「この映像集から、好きな街と動画を選んで下さい」と言われたことです。

これは悩みました。何度も何度も見直して、選びました。この映像が決め手になりますからね。慎重ですよ。

こうしてＣＭ制作に参加出来たことはとても楽しく、貴重な体験でした。

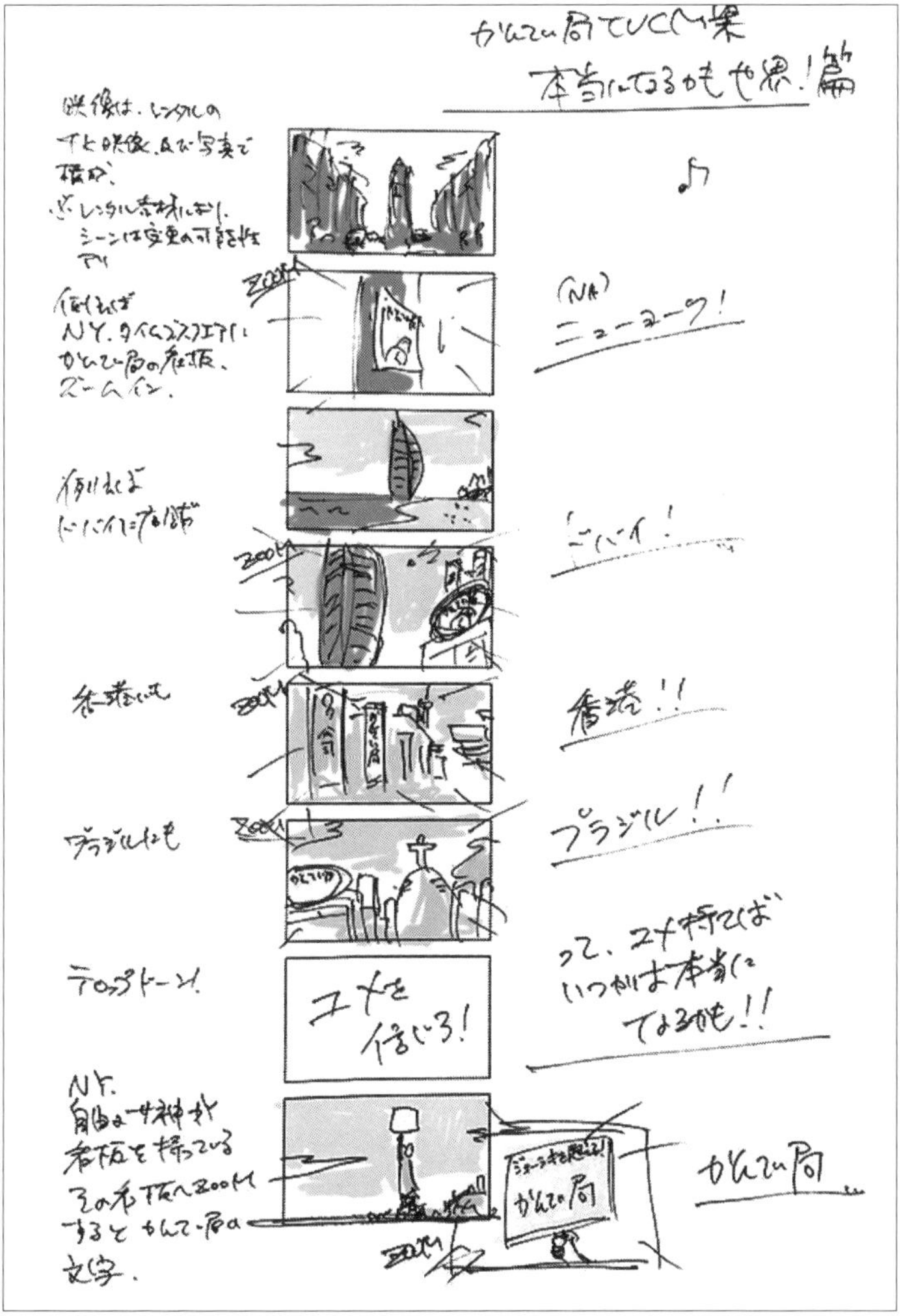
かんてい局TVCM案
映像は、レンタルのCG映像、及び写真で構成。
※レンタル素材により、シーンは変更の可能性アリ
ZOOM
(NA)
例えば N.Y. タイムズスクエアに かんてい局の看板、ズームイン。
ニューヨーク!
例えば ドバイにも看板
ドバイ!
香港にも
香港!!
ブラジルにも
ブラジル!!
テロップドーン!
ユメを信じろ!
って、ユメ持てば いつかは本当に なるかも!!
N.Y. 自由の女神が 看板を持っている その看板へZOOM すると かんてい局の 文字。
かんてい局

ナレーションは東京で収録しまして、私も参加しました。

そこで、合成画面を作ってくれたＣＧのデザイナーさんと会いまして、監督などみんなでお酒を飲みに行きました。日頃は店舗にいますし、異業種の人たちとの交流は楽しかったです。


ＣＭ映像ができあがり、そのデータを全社員、役員、社長にも全員に一斉送信しました。それはもう、めちゃくちゃドキドキしましたよ。

しばらくして、反響が返ってきました。社員やスタッフからは「すごく良かったよ！」、役員からは「度肝を抜かれた！」と。ホッとしましたね。

そして、社長からは「それでいいんだよ」と言ってもらえました。その瞬間「この人、やっぱりすごい！」と思ったんです。瞬時に、僕のいろんな迷いや苦悩を理解してくれたんだと。そこで初めて「いいものができた」という実感をもてました。

すごくリスクのある方法をとったなと、自分でも思います。でも、「いいものをつくるために、やるしかない！進むしかない！」と考えて行動した結果です。

自分がいいと思った内容でも、社員がいいと思ってくれないと、それは自己満足でしかない。だから、社員も納得できるものが欲しい。

もちろん、否定されるのも、結果がどう出るかも怖いですよ。

そのせめぎ合いでした。


覚悟を決めて、プロに任せた結果、「高く買います」「売ってください」といった言葉を超えた、インパクトのあるＣＭができた。社長も社員も気に入ってくれたからこそ、満足できる結果を手にできたと思っています。

当時は、「しんどい」と感じていましたが、今思うと自分自身も楽しんでましたね、かなり。

CMを作って見えてきたこと

２０１５年秋、新しいＣＭの放送がスタートしました。

すると、社員やスタッフたちから「家族からCM見たよと言われた」と言われる機会が増えるだけでなく、お客様からも「CMを見たよ」と言っていただくことが増えたんです。

なかには「最近、CM始めたんだね」とおっしゃる方もいらして。CMって、印象に残るかどうかで、こんなにも反応が違うんだと。前回のCMと、ほぼ同じ時間帯で同じ量のCMを流しているにもかかわらず、です。

今回のCM制作で気づいたのは、中途半端が一番ダメだってこと。トコトンふざけるか、トコトン真面目に作るか。今回のCMは、細部にわたって作り込んだ画像が、ドーンドーンと出てきて、「そんなわけないじゃん！」とツッコミを入れたくなる。それが記憶に残るんでしょうね。

ニューヨークやドバイが出てくるからか、CMを見た人からは「すごくお金がかかっているの？」と言われます。じつはそうじゃないから、笑えますね。

「伝えなきゃいけないこと」と、「お店が言いたいこと」は違います。たいていは、お店の言いたいことは「お店のアピール」であり、それでお客さんに来て欲しいというのは、単なる願望に過ぎないんですよね。

今回は言葉で説明できない「思い」を映像で伝えることに成功したといえます。

ＣＭの最後に「願いは叶う」というメッセージを入れているのですが、私たちのお客様に対する思いを潜ませています。

伝えるべきことを伝えられる、本当にいいＣＭができました。


ＣＭの相乗効果もあります。テレビ局の情報番組に取材されたり、チラシの効果も高くなって、来店者は増え続けています。とりあえず鑑定だけされる方、家族でお越しになる方、「15年前、20年前のものでもいいのか」と相談される方や、「古い物を売ることができるなんて知らなかった」という方もいらっしゃいました。気軽に立ち寄りやすい店づくりができていると感じています。

しばらくしたら、また社長ミッションが来るでしょう。その時のことは、その時、また考えますが、今回と同じように冒険心とチャレンジ精神を忘れずに、ＣＭ制作に取り組みたいですね。

お寺がお墓のCM

では、同じエリアで手がけて、対照的な結果となった例をご紹介したい。

ほぼ同じ時期に、2つの案件を和歌山県の方からご相談いただいた。

2015年の出来事である。


一つは、善称寺という和歌山市内にあるお寺。

善称寺は2014年に境内に永代供養墓を建てた。永代供養というと、お骨を預かる形での集合施設、納骨堂になっている場合が多い。

善称寺の住職、釋真宣《しゃくしんせん》さんは納骨堂という形ではなく、もう少し故人が一人ひとり表現できるような、何か別の形でできないか模索していた。

ネットや噂を聞いたりして探したところ、神戸に小さいながらも永代供養墓で一体ずつのお墓を作って成功しているお寺があるとの情報を得た。

後日、現地に足を運んでその永代供養墓を見た、釋住職。

それはまさに、ほぼ理想形であった。

大きな台座の上に、小さいながらも故人の名前が入ったお墓が鎮座していた。

早速、この永代供養墓を作った石材店と連絡を取ったのだ。

その石材店は、神戸市にある第一石材という。

設計したのは、能島孝志社長。

話はとんとん拍子に進み、善称寺の永代供養墓は完成した。

しかし、完成したのはよいが、今まで永代供養墓などは販売したことがない。

地元のフリーペーパーや折り込み、バスへの広告などを試みたが、大きな反響はなかった。たまにふらりと見に来るお客さんに、釋住職が直接、話をして成約に結び付くというくらいだった。

釋住職は、かねてから第一石材のホームページに着目していた。その理由は、第一石材の動画である。お客さんの声や、能島社長のインタビューを織り交ぜた動画が3本、ユーチューブにアップされていて、ホームページでも公開されている。

「こういう動画があったら、お客さんが増えるのではないか」と釋住職は考えたのだ。

「能島社長、うちも永代供養墓のプロモーションを動画でしたいので、作った会社を紹介してください」

実は、その動画を制作したのは弊社である。能島社長の紹介の元、善称寺を訪ねた。

能島社長から電話で説明を受けた時点から、私の腹は決まっていた。

プロモーション用の動画もあってもよいが、一番、必要なのは、和歌山市民に地元に永代供養墓があるということそのものを、伝えること。気づかせてあげないと売れない。よって必要なのは、テレビＣＭだと。

ネットで事情を探ったところ、「和歌山市　お墓」「和歌山市　永代供養」のキーワードでは、善称寺が上位に表示されていた。

釋住職はホームページには思い入れがあり、お寺らしくない斬新なデザインで、グラフィックスとイラストを多用したホームページを自ら企画して立ち上げていた。狙っていると思われるキーワードが上位に表示されていたので、熱心に更新していると想像できた。この結果、ネットで検索したであろう人たちは、善称寺のホームページをすでに閲覧している可能性が高い。

だから知らない人に訴求しないと、反応が出ないと考えた私は、最初に釋住職にお会いしたときに、テレビＣＭを提案した。

その経緯を含め、現在の状況を釋住職に改めてインタビューを行った。

浄土真宗　本願寺派　善称《ぜんしょう》寺

創建　1518年
住職　釋真宣　俗名宇治田 真宣
本社　和歌山県和歌山市本町5-32

和歌山市内の住宅地の一角の、小さなお寺。

檀家数は100件ほど。一般的なお寺で檀家数は200件、大きなお寺では1000〜1500件といわれています。そんな小さなお寺がレギュラーでCMを放送中。

テレビCMで気づきを得たこと

今、地元のテレビ和歌山にて「永代供養墓」のテレビCMを流しています。2015年の夏頃からスタートしまして2年目、着実にお寺にお越しになる方が増えていて、永代供養墓に申し込まれる方もいます。圧倒的に「テレビを見て」という方が多いですね。

和歌山の県民性なのか、「CMを見た」というよりも「テレビに出てる人だ！」とおっしゃるんですね。お寺のお坊さんというと、なかなか顔を見ないし、どんな人かわからないから、「ちょっと怖そう」と思ったり、「どんな人だろう」と不安な人も多いと思うんです。テレビで、お坊さんの顔や姿を見ることで安心されているようです。

今は、お寺さんに行ったり、気軽に立ち寄るという人が減っています。よく分からないから、近寄りがたいのかもしれません。

うちのお寺はテレビCMによって「ぜひ来てね」と、みなさんの方に歩み寄ることができた。その点も大きいかなと感じています。

また、CMをしたことで改めて、「跡継ぎがいない」、「子どもたちに迷惑をかけたくない」、「お墓をどうしたらいいのか」など、本当にお困りの人が多いことを実感しました。

CM＝商売？　お寺さんはCMしないもの？

じつは、テレビCMは全く考えていませんでした。

ただ、お一人お一人を大切にできる永代供養墓のことを、少しでも多くの人に知ってもらいたい、お墓のことでお悩みの方は相談だけでもして欲しいと強く思っていました。

でも、坊さんだからか経営のことは疎いので、どうすればいいのか、分かりませんでした。

善称寺様　CM絵コンテ　ゆずり葉の碑　篇

男性の声
「お墓を建てても
　後継ぎがいない…」

女性の声
「子供に負担を
　かけたくない…」

NA

そんなあなたに
ご提案

１人に一つ
新しい形のお墓

永代供養付きです

NA
くわしくは
善称寺へ

それでも広報活動には力を入れようと、「ニュース和歌山」というタウン誌や終活の雑誌、老人クラブの会報誌などへ広告を載せたり、バス広告や格安のラジオＣＭなどをしていましたね。でも、一向に反応は良くならなくて。手探りながらも、月にだいたい20万円前後は広告費として使っていました。

ホームページも充実させています。取引のある石材屋さんのホームページの動画に目が止まって。これが、すごく良かったんです。それでその動画を制作したメディアジャパンを紹介してもらいました。

その打ち合わせの場で、宮崎さんに「テレビＣＭをやってみませんか」と提案されて。正直、すごく悩みました。お寺として、やりすぎではないだろうかと。

悩みの一つは、普通、お寺さんはＣＭなんてしないことです。

お坊さんの間では「お商売を、お金儲けをやっちゃいけない」という空気があるんですね。でも、私はそうは思っていないんです。

私は父の後を嗣いでお坊さんになったのですが、以前は、お寺の横で小さな喫茶店をやっていました。そこには、近所の商売人さんたちがよく来てたんです。お話をするうちに「商売人は、みなさんに喜んでもらうことが誇りである」という思いを知りました。

それで商売というものの考え方を知ったのです。

「いいものを提供し、お客さんが喜ぶ。その対価としてのお金を得る」ことが商売だとすると、お寺が、それをしてもいいのではないかと思うんです。

こうした思いの末に、今は永代供養墓を知ってもらうことが大事と思い、「予算内に納まるならいいですよ」とＣＭに踏み切りました。

本当に未知の体験をしています。

ここを踏み越えたことは、私にとっても大きかったですね。今はもう迷わなくなりました。ＣＭを放送して、しばらく経ちましたが、他のお寺さんに何かを言われたことは、今まで一度もありませんよ。

お寺らしくない？　明確な料金体系

今はお寺に行く機会も減って、「自分の菩提寺がわからない、お布施っていくら払うのか分からない」という方も多いと思うんです。お金のことを気にして、お寺にお願い事をしにくいという方もいらっしゃるでしょう。

それは時代の流れなので、仕方ないこと。ネットでお坊さんを依頼できる時代でもありますから。そんな中で「お布施はお気持ちで」と言われても難しいですよね。お寺とのトラブルやお悩みの多くは、お金のことだったりします。

その点も、「お寺に足を運ばない」大きな理由になっていると思いましたので、うちのお寺では、お葬式のお布施や永代供養墓など、すべてに対して「目安」としての金額を明記しています。

あくまでも「目安」なので、その金額でなくてもいいんです。この「目安」として提示していることが、みなさんや葬儀屋さんにも大変喜ばれています。「お布施にいくら包めばいいか」と、悩む必要がないのですから。（料金の詳細については善称寺

ＨＰを参照ください）

永代供養墓も、個人のお墓、夫婦のお墓、合葬形式のお墓など種類別に料金を明確にして、ご命日やお彼岸、お盆、年忌法要の４つのご供養を含む料金にしています。ご供養の日のご家族の参加は自由。もちろん、お布施は料金に含まれているので、手ぶらで参加されて大丈夫。お布施は不要です。

ですが、参加されるご家族のなかには「少しですが、お気持ちです」と、お布施をお持ちになる人もいらっしゃるんです。「料金に含まれていますから、いらないんですよ」と説明しても、「気持ちですから」とおっしゃられます。

これが、本当の「お気持ち」だと思うんです。

そんな関係が築けていますから、みなさんととても穏やかに過ごせます。

また、これはホームページをご覧になったのだとは思いますが、「永代供養墓をどのようにやっているのか教えて欲しい」と、北海道からお坊さんが来られました。少しずつ広がりをみせているようです。

やはり小さいながらも、一人1つのお墓というコンセプトは良かったのだと思います。

今後、同じような永代供養墓をするお寺も出てくるでしょう。そのためにもしっかりと、土台作りと対応をしていきたいと考えています。

相手の方のお気持ちを考えたら、今の形に

お寺に来てくれた方にアンケートをお願いしています。その内容を見ると、最終的にお寺を選ぶのは「お坊さんの人柄」なんですね。そこで、私が選んでいただけるのかどうか。私が頑張らないといけないですね。

「お寺に来てもらうにはどうしたらいいんだろう」、「お困りごとを減らすにはどうしたらいいんだろう」と考えていたら、お寺のしきたりに囚われることなく、今の形になりました。

大規模なお寺さんは違うと思いますが、ウチのようなこじんまりしたお寺は、選んでもらえるようにならないと今後は続けていけないんです。だから、できることは今からしっかりやっておこうと思っています。

余談ですし、考えが甘いと言われそうですが、テレビＣＭをやったら「ドーン」と人がたくさん来ると思ったんです。そうでもなかったですね。「ドーン」ではなかった。でも、確実に来られる方が増えているので、ＣＭは続けていくつもりです（笑）

ご供養の日に、参加されたご家族に向けて宗派である浄土真宗のお話をします。すると、みなさん「へぇ、そうなんだ」と初めて聞くような顔をされます。

それを見てつくづく思うんです。浄土真宗の本山もテレビＣＭをしてくれないかな、と。やはり、難しいでしょうか。

著者からのこぼれ話

すごくいい形で成功されていると思います。

ホームページもかなり充実されている。ここが肝心です。

今はホントに、スマホ片手でテレビを観ていますから、知りたいことが出たら、即検索ですよ。

永代供養墓というと高齢の親の世代をイメージしますが、お墓の決定権は、実はその子供たちにあります。お墓の世話をしていくのは子供たちですからね。だからこそ、ホームページの充実とテレビCMによる安心感が重要だと思います。

お墓の購入は一生に一度、あるかないかです。今、悩んでいる人はお寺などに足を運びますが、「今は必要ない」と思っている人の方が圧倒的に多い。でも、5年先、10年先に必要になってくる可能性があります。その時に選んでもらえるかが大事です。大量に投下しなくて良いので、細く長く放送して、浸透させることが大事です。

おそらく今後、同じような永代供養墓を作ってCMを放送するお寺が出てくるでしょう。でも、かえってそのほうがいいんです。

例えば同じエリアでハンバーグで2店が競っていたとします。後発組のA店がハンバーグのCMを放送したとします。そしたら、先発組のB店の集客も上がるのです。これは相乗効果というか、ハンバーグというキーワードに視聴者が反応するからです。本当によくある話です。

そうした現象も含め、「先に始めたほうが有利」と私は考えます。

同じようなお寺が出てきて、その寺がCMを放送すると永代供養墓という言葉が伝わり、全体としてニーズが上がります。

そうすると、先にCMを放送していることもあり「永代供養墓は善称寺」というイメージが定着していれば、他のお寺のCM効果で、善称寺のお客さんも増えるのです。

全体的には活性化出来ていいと思います。


もう一件の案件は、同じ和歌山市内で不動産の仲介業と住宅の建築を生業にしているさくらホームである。
こちらの深野社長とは、とある勉強会が縁で知り合いとなった。私が動画やＣＭを作っているという話を聞いて、興味を持っていただけたのだ。

しかし、相談内容はちょっと難しい内容だった。
それは、今までにない画期的な商品をＣＭで伝えるという内容だったのだ。
この今までにない商品というのが、かなり難しい。
それは、見たことがない人に、まったく新しい概念を植え付けることだからだ。
ＣＭは15秒か30秒の世界であり、伝えられることには限界があるのだ。

株式会社 さくらホーム

創　業　1994年（平成6年）
資本金　1000万円

代表者　代表取締役社長 深野 健
社員数　12名
本　社　和歌山県和歌山市有本110
事業内容　不動産の売買、中古物件の売買
新築注文住宅の設計・建築、およびリフォーム全般

■インタビュー

深野 健氏
株式会社さくらホーム　代表取締役社長

健康にいい画期的な商品で、CM勝負

当社は不動産業と建築業をしていますが、近年は不動産業をベースにしながらも、新築住宅の建築に力を入れています。

そんなとき宮崎さんと出会い、テレビCMや動画についてお聞きして、非常に興味がわき、おもしろそうだからやってみようと。何より、住宅建設をアピールするいいチャンスだとも思いました。

CMの第一の目的は、和歌山市内全域とその周辺へ、営業エリアを拡大すること。何をCMにして放送するのかといった題材には最後まで悩みましたね。

当社は、「住む人が幸せになる家」をテーマとした、「健康住宅」に力を入れています。いろいろな健康住宅に関する商品がありますが、自信をもって勧めているのが「光冷暖システム」です。

これは、「エアコンを使わずに、光エネルギーによって室内環境をコントロールするシステムで、冬は暖かく夏は涼しい。電気代は最新型エアコンの半分、しかも風が起きないので、冷気があたるから嫌だという方に向いていて、健康にも良い」という商品です。

室温は、家中がほぼ一定になるので、部屋ごとの温度のムラがない。風が出ないので、エアコンの場合、風によってハウスダストが舞うことがありますが、それもありません。ずっと家にいますと、まるで神社にいるような清々しさと心地よさがあるんです。

ただ、やはり説明が難しく、画期的な商品にもかかわらず苦戦していました。そこで、起爆剤となればと、ＣＭをお願いしたんです。

和歌山市内の同業他社は、光冷暖システムを扱っていないので、差別化も図れる。健康住宅のさくらホームの良さをアピールできると考えました。

反応は把握できず、3ヶ月でCMを終了

ＣＭを放送したのは２０１５年の冷房シーズンの夏です。

ＣＭは「レイダンくん」というキャラクターが登場していて、「おもしろい」と思いました。インパクトもあったので、印象に残ると思いました。

テレビＣＭなどで光冷暖システムに興味をもった人は、ほぼホームページをチェッ

クします。なので、専門の業者に依頼して、内容をかなり充実させて検索で上位になるようにしました。「レイダンくん」のキャラクターも入れて、「光冷暖システム」の紹介ページに、すぐに進めるようにも工夫しました。

また、地元のテレビ和歌山の情報番組に取り上げてもらったりもしました。キャラクターのパネルも作り、クルマの通行量が多い道路に面した本社玄関にも掲げました。

3ヶ月間CMを流しましたが、結果的に直接の反応はありませんでしたね。「CM見たよ」と言ってくれるお客様がいるのでプラスになったとは思いますが、モデルルームへの来場に結びついたお客様はいませんでした。来てくださるお客様は、すべて従来通りの「口コミや紹介による来場者」だったんです。

今回はテレビ和歌山を利用して、和歌山県内全域にCMを放送しましたが、実質的な商圏は和歌山市内です。さらに、新築やリフォームを考えている人がターゲットなので、かなり人数が限られてきます。

商品の分かりにくさとターゲット層の狭さも、難しかった理由かもしれませんね。

モデルルームで体感すれば、良さがわかる商品

確かに分かりにくい商品ですが、他県では徐々に売れ始めているんです。どうやって売っているのか、他県の同業者に聞いてみたんですよ。

そしたら、光冷暖をうたわずに、一般の見学会として集客をしている。そこで、光冷暖を見てもらって良さを伝えて、受注につなげているんです。

もしくは、光冷暖を入れたお客様からの紹介。それで業績を伸ばしているんです。ある県では小学校や病院での導入も進んでいます。住宅以外の実績も多いんですよね。

ただ、人は不快なことには気付きますが、快適だと「なぜ快適なのか」といった点には気付きにくいんです。

「この家には、エアコンがないんですよ」と言われて初めて気付く人が多い。それも、光冷暖の広がりにくさにつながっているのかもしれません。

また、見た目もオシャレなインテリアかパーテーションのようなので、光冷暖の機器であることも、言われないとわかりません。

だからこそ、モデルルームに来てもらい、できれば無料宿泊体験をして欲しかったんです。そうすれば、普段の住まいとは違う、清々しい空間の心地良さが伝わる商品なんです。

正直、「光冷暖システム」を中心としたＰＲは、今は手詰まり状態ですね。

できる限りのことは尽くしたつもりです。いい商品なだけに、残念です。見学会への集客に力を入れて、そこで紹介していくしかないのかもしれません。

折り込みやポスティングだけでは限界がある

当社のＰＲは、新聞折り込みと、物件の近くなどエリアを絞ったポスティングが中心。今のところ、これが一番有効な広告手段です。

和歌山市内でも新聞の購読者数は減っています。さらに、和歌山市は賃貸の空室率が高く、全国でもワースト３位になるくらい。セキュリティの問題でポスティング不可の物件も増え、思うようにポスティングできなくなりつつあります。

折り込みやポスティングだけでは限界がある。だから、テレビＣＭといった別の広告手段の必要性を感じています。

地域性もあるけど、和歌山市内には誰も住まなくなった空家が多いんです。ほとんどが昔、借家を建てて住んでもらっていたけど、住民がいなくなり、そのままになっている物件です。それだと土地を活かし切れておらず、もったいないんですよね。

当社には、リフォームに関しても経験と研究を重ねたノウハウがある。例えば、地主は土地付きで中古住宅を売る。買い手は、格安で買ってフルリフォームすれば、健康住宅を取り入れても費用は抑えられる。築30年以上の物件であれば住宅部分の固定資産税もほとんどかかりません。

そうしたいろんな提案ができます。当社のノウハウをフル活用して地域に貢献したいんです。その結果として、業績を伸ばしていきたい。

今後の戦略や方針を考えつつ、テレビCMも含めた、新しい集客法を考えていきたいと思っています。

本当に、申し訳ない思いでいっぱいです。戦略としては、まずは目立つCMを作ってきっかけを作ろうとしたんです。深野社長は、キャラクター看板や、ホームページの充実など、多方面で力を入れてくださったのに。

放送しているＣＭの半分は困っていることや、悩んでいることを解決する内容。病気で困っている、匂いに困っている、借金で困っている、どこのメーカーで家を建てようか悩んでいる、車検だから車を買い替えようか悩んでいるなど……。

その解決に、うちの商品やサービスをどうぞ、という内容。

困りごとや悩みごとは消費活動につながりやすい。

今回のさくらホームは、困っていることがちょっと見えにくい。

エアコンに関する悩みで多いのは、エアコンが壊れたとか、冷えにくいなど調子が悪い、もしくはエアコンそのものがない、である。

その問題点を表現すれば購入につながる。

この光冷暖の特徴は風がないことである。光触媒の働きで風がないのに冷えるし、温まるのだ。さらに風が起きないことで家の中のハウスダストが起きにくいという。

つまり、エアコンの風が嫌な方に光冷暖を勧めれば売れるということになるのだが、

では、世間にエアコンの風が嫌な方って、どれくらいいるのだろう。

それを、どう伝えたらよいのか、正直悩んだ。

もうひとつ、大きな問題があった。

商品名がわかりにくいから伝わりにくいのだ。

光冷暖という言葉を聞いて、まずその漢字がイメージできないと思うし、さらに商品の内容や目的がわからないのだ。この光冷暖という名は機能をそのまま商品名化しているようなのだ。日本語にはない熟語なので、全くイメージできず伝わりにくいのだ。


企画立案する打ち合わせは、和歌山に三度出向き、結構な時間をかけた。

ここで光冷暖の特徴をまとめてみる。

【光冷暖の特徴（メリット）】
風が出ない　↓　ハウスダストが出にくい
一台で家全体が賄える
家全体が一定の温度になる

省燃費で電気代が安く上がる

ＣＭには必要がないことだが、デメリットも書いておく。これは素材を作るうえで、知っておかないと失敗することもあるので、私はあえて聞くことにしている。

【光冷暖のデメリット】

エアコンより高い　↓　しかし、光熱費が安くなるので長期では回収できる

壁に若干特殊な細工が必要なため、新築時か、大きめのリフォーム時にしか設置できない

光触媒の機械そのものが大きい

光冷暖という言葉がわからない

つまりこの光冷暖を購入する方は、まとまった費用が掛かっても健康にかなり気を使っている方となる。では、実際には誰が購入しているのか？

光冷暖は日本製。福岡の会社が製品化していて、さくらホームはその代理店となる。

その本社のホームページには、購入者が紹介されているのだが、病院などが多い。

でもどうだろう。

夏に室内に入り、冷えているのにエアコンがないことに気が付く人っているのだろうか。

冬に室内に入り、温まっているのにストーブなど発熱体がないことに気が付く人っているのだろうか。

そうなのだ、ほとんどの人は気が付かないのだ。この点は深野社長も指摘している通り。

よって、この光冷暖は気が付かれることが少ないので、良さが伝わりにくい。

そのせいもあり、あまり売れていないのである。


さて、こんなに表現が難しい商品、過去、私は扱ったことはない。

こういう商品は、いわゆる説得商品というジャンルにあたる。説得しないと売れないものを15秒や30秒で説明するのは無理がある。説得と説明では、天と地ほど違う。

そこで私が考えた提案はこちら。

キャラクターＣＭで引き付ける　↓　ホームページへ誘導　↓　導入したお客さんの声を動画で紹介　↓　展示場へ誘導　という流れだ。

つまりＣＭはインパクトを与え、光冷暖なるものがあるという存在を植え付ける。ホームページへ誘導し、実際に使っているお客さんを動画で見てもらって理解してもらい、展示場へ導くのだ。

昨今は、スマホ片手にテレビを見るのが主流であり、何か疑問や問題があるとネットで即、検索される。

このＣＭを見た視聴者が、さくらホームのホームページを閲覧する確率は高い。

そして、キャラクターを設定した。

光冷暖という言葉が難解だ。ならば、世間はゆるキャラブームでもあるので、思いきってキャラクターを作らないかと提案したのだ。

その名は、「冷暖くん」、そのまんまだ（笑）失礼しました。

さくらホーム本社は幹線道路沿いにある。

ひっきりなしに車が行きかう場所にあり、さらに手前に信号があるので車が停車する時間も長い。

そのドライバーたちに見えるように、巨大なキャラクターの看板の設置も提案した。

つまり、CMで見たあれは、一体何だ……と関連付けることで集客を狙ったのである。

深野社長にも納得していただき、私の提案通りに作らせていただいた。

その結果、見事惨敗である。

深野社長を筆頭に社員の皆さんはＣＭ放送中、多くの人から「さくらホームさんＣＭ始めたんだね」と言われたそうだ。つまり、ちゃんと見られているにも関わらず、集客には結び付かなかったのである。

世の中にない商品と、わかりにくい商品名は難しい……。

成功への近道は、成功している方法の真似をすることだと思う。

「世の中にない新商品」は別として、「見学会への集客」が目的であれば、その成功例を真似ればいいのだ。でも、成功例はそのままでは使えない。地域性や、商圏の規模、予算などのほか、何よりその会社にあったものを作る必要があるからさだ。

この善称寺とさくらホームの２つのケース、ともに同時期に放送を開始し、ほぼ同じくらいの金額であり、放送する番組や時間も同じような形で設定している。

しかし、結果は対照的だ。

では、この現象をどうとらえたらよいのか、実際に放送を行っているテレビ和歌山の担当者を直撃した。

■インタビュー

岡崎友城氏

テレビ和歌山　営業部チーフ

ニーズに即して行動させたCMと、浸透に時間がかかるCM

さくらホームと善称寺のCMは、その結果の明暗が分かれてしまいました。

CMの放送条件は全く同じで、2015年の夏に1クール3ヶ月からスタート。1ヶ月のCMの本数も、15秒CMであることも同じです。

さくらホームは1クール3ヶ月で終了し、善称寺は反応が大きく、今もCMを継続していらっしゃいます。

まず、善称寺の「永代供養墓」が社会的なニーズに合っていたことが大きいと思います。ＣＭもストレートな表現で分かりやすかったこともよかったですね。お墓の問題は、なかなか人に相談できないもの。相談できる場所であること、お墓の問題の一つの解決方法を提示したことが、「私も相談してみようかな」と思わせ、行動するきっかけにつながったと思います。

また、ＣＭの内容も少しわかりにくかったような気がしています。

一方のさくらホームは住宅建築会社で、商材がちょっと難しかった。広告のメインはチラシが向いているのかと思います。チラシは、ニーズのあるエリアにダイレクトに訴求できる点がメリットです。

テレビＣＭは、浸透するまでにある程度の時間がかかります。

通常、テレビＣＭに即効性はありません。ＣＭによって社名の認知度が上がれば、チラシや折り込み広告を見たときに「あ、ＣＭをやってる会社だよね」と手に取ってもらいやすくなり、それが集客につながるようになる。３ヶ月では定着が難しいんです。

「CMは細く長く続けること」がおすすめ

僕自身も、直接スポンサーに営業をしていますが、やはり「毎月の量は少なくてもいいから、細く長くテレビCMを続けること」をおすすめしています。

ローカル局はCMの単価が安いので、低予算で続けやすいと思います。

実際、テレビ和歌山は開局から40年余りが経ちますが、当初からずっと続けていらっしゃるスポンサーもいます。当局は和歌山県内だけの放送なので、とくに割安に設定されていることも続けやすい理由です。

ローカルだから、地元の商店や飲食店といったお店のCMも多いんです。モデルを使わず、お店の人が登場していたりする。だから、親しみやすいCMとなり、制作費を安く抑えているスポンサーも多いですね。

とにかく「細くてもいいから長く」CMを続けて欲しいと願っています。

世の中にない商品やサービスは伝えるのが難しい

この４年間で一番、肌身に感じていることである。

例えば、大正製薬のリポビタンDという商品がある。チオビタドリンクとか、ユンケルなどの類似商品が出ているが、今でも売り上げ１位はリポビタンDなのだ。一番最初に出た商品は、売れたら強い。その商品名が業種の名前となる。人の記憶にも残るからだ。サランラップなども、商品名が業種の名前になった例である。

このリポビタンD、世に出たのが、昭和37年。健康ドリンクというか、滋養強壮剤として販売されたのであるが、当然、そんな市場はなく誰も知らない。

そこでコピーライターが考えたフレーズが、「タウリン１０００ミリグラム配合」と「ファイト、一発」である。

このキャッチコピーとともに、大量に広告を投下した結果、市場を作り出しトップに君臨し続けているのである。

他には、大塚製薬がその代表ともいえる。ポカリスエット、カロリーメイト、ファイブミニ、ソイジョイなど新しく市場を作ってきた商品。ともに分かり易いキャッチコピーと大量のＣＭの投下があって定着したといえる。

つまり世の中に知られていないもの、なかったものを伝えるには、伝わりやすいキャッチコピーと大量のＣＭ投下が必要なのである。

余計なことと思うのだが、さくらホームのような、光触媒を伝えるには、まずは商品名を耳触りよくするという方法が必要なのだと私は思う。

もう一例、ご紹介しよう。

「安震」という愛知県岡崎市にある会社で、地震対策の商材を製造販売している。お墓の免震商材の販売から事業を開始した。ご存知のように、お墓は何層もの石を積み重ねて作られている。地震が起きた時、ニュースで報道されているのでよく目にするが、墓地などは石が崩れて散々な光景となっている。

安震の杉田社長は、元々、老舗石材店の跡取り息子であった。

そこで杉田社長はお墓の耐震に目を付けた。壊れない倒れないお墓づくりを目指したのだ。しかし同業者から怒りを買った。

「そんなことしたら、墓石が売れないがや」

紆余曲折があり、結果、杉田社長は親と袂《たもと》を分かち合い、自分で会社を設立することとなった。

震度7でも倒れない安震ゲルという商品を作り、全国の石材店相手に販売を始めた。

震度7というのは、神戸の大震災クラスの揺れだ。その震度でも倒れないと、国の出先機関での実証実験で証明済みである。

ちなみに、その状況を撮影したのは弊社である。


これは石材業界ではヒット商品となり、提携石材店は150を超えた。

しかし、昨今はお墓を作らない風潮にあるため、売り上げの増加は見込みにくい。

この先のことを見据え、杉田社長は今の技術を応用して新たな商材を開発した。

それは、工場などの機械の転倒防止材、安震アジャスター、安震ゲルαという商品だった。


通常、工場に機械を設置する際、地面に穴をあけてアンカーを打って固定する。つまり固定するのに床を傷つけたうえに、さらに工事するのだ。そのため経費はかなり掛かるのだ。


さらに、完全に固定してしまうため、機械の移動や交換などは困難な工事となる。

安震アジャスターは、その不便さを解消する商材である。

固定は専用の接着剤を使用するため、床に穴をあけることはない。つまり今までより安く機械が設置できるのだ。


実験も行い、確証を得た杉田社長は早速、工場を持つ会社を相手に営業に出た。

しかし、反応はすごく良いのだが、受注につながらない。

担当者は絶賛するのだが、上司に提案してくれなかったり、自社の機械を揺らして

安震ゲル

ほしいという話になるのだが、その機械が運べないと言い出したりして進まないのだ。
なぜ、進まないのか……杉田社長は悩んでいた。

そこで、相談に乗ってほしいと私が呼ばれたのだ。
事情を聞くにつれ、私も安震アジャスターが売れないのが不思議でならなかった。
現状抱えている多くの問題が解決するのに、どうして担当者は購入しないのか。
杉田社長曰く、現場の担当者だと将来まで倒れないという確証が持てないからではないか、つまり何か会った時。自分の責任になるのを恐れているというのだ。

だったら、今のままでよいとなってしまう。

さらに、現状を変えることは仕事が増えるからではないかと杉田社長は思ったという。

そこで、相談されたのが、説得力のある映像が作れないかということだった。

確かに、説得力のある映像があればプレゼンは上手くいくかも知れない。

部下が上司を説得するときの材料にはなると思う。

しかし、なぜか私にはそれが解決方法になると思えなかったのである。

杉田社長は人脈を使って、工場主や経営者にアプローチをして営業を行っている。いわば、インナーでの営業だ。

どうせ映像を作るのなら、その映像を流用してＣＭを作って多くの人に見てもらった方が可能性が広がるのではないか、と私は考えた。

多少、放送料金が掛かるけど、予算が許すなら可能性の追求はした方がよいのではないかと思ったのだ。

そこで、私は次のように提案した。

「どうせ映像を作るのなら、流用してＣＭを作って放送しませんか？　テレビで一度、反応を試してみたらどうでしょう？」

「それって、いくらぐらいかかるの？」

「三重か岐阜あたりだと、一本、１万から１万５０００円くらいです」

「それだったら、一度、やってみようか……」

ほどなくして、ＣＭ制作へと道は進んだのである。

ここで絵コンテを紹介しよう。あまり余計な演出的要素は入れず、オーソドックスな内容である。要は倒れないことと、工事で床に穴をあけないことを伝えればよいのだ。

この絵コンテで何点か問題があった。

一つは、考査を通すのがちょっと面倒だった。

その震度７でも倒れないという部分が引っ掛かったのだ。どうして倒れないのか、根拠はあるのか、実験があるなら見せてほしいとなったのだ。

これは当初から言われるだろうというのは、織り込み済みであり、資料と動画を用意してあったので、対処でき事なきを得た。


問題なのはもう1点の方。

撮影は安震社内の実験場で撮影できたので、問題はなかった。

問題は表現する時間だ。

伝えたいことは、倒れないことと、工事で床に穴をあけないことの2点だ。

編集してみて分かったことなのだが、15秒だと倒れないくらいまでしか到達できない。穴をあけないことを表現するためには30秒必要なのだ。


これは今までになかった商材のため、どうしても説明に時間がかかる。

15秒にまとめてしまうと、展開が早すぎて何がなんだか、わからなくなるのだ。

私の目論見としては、15秒にしてなるべく本数を稼ぎたいと思っていたのだが、実際に作ってみるとそうもいかない。

安震はかもり　安震アジャスター１５秒CM案　絵コンテ
「安震アジャスター実験」篇

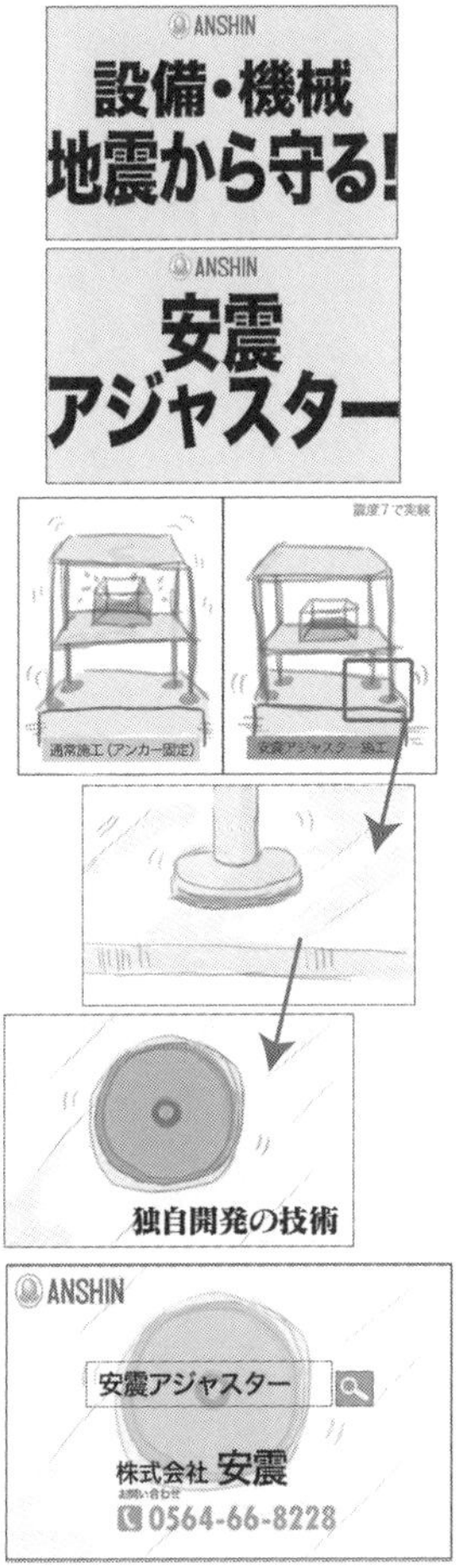

○ナレーションに合わせて
ドドンと
文字で大きく見せる

（ナレーション）
設備や機械を
地震から守る！

安震アジャスター！

○水槽での比較実験
安震アジャスターと
通常施工（アンカー）と比較

（ナレーション）
震度７にも倒れない！

しかも床に穴をあけない
手軽な施工

○安震アジャスターに
ズームイン
↓
内部の構造を見せる

透明アクリル板の
上からと下側から

このグリーンとグレーの
特殊接着剤が設備を
地震から守ります

（ナレーション）
地震対策には
安震アジャスター！

○ゲルを背景に
問い合わせ先
会社ロゴなど

でも倒れないか、穴をあけない、のどちらかで作ったとすると、商材の魅力としては半分以下となり、説得力がない。
ここで私は30秒と決断した。その方がプレゼン時に使いやすいはずだからだ。しかし、30秒を選ぶと当然ながら放送できる本数は半分となるのだ。人に見てもらう機会は半減するといってもよいと思う。

後日、試写のため安震本社を訪れた。杉田社長に事情を説明し、出来上がった仮の30秒CMを見てもらった。結果、プレゼンでも使えるということで30秒に決定した。現状も含め、杉田社長にインタビューを行ったのでお読みいただきたい。

株式会社 安震

創　業　2004年（平成16年）
資本金　1200万円

代表者　代表取締役社長　杉田規久男
社員数　4名
本　社　愛知県岡崎市細川町くぼ地63-1
事業内容　墓石用免震ゲル「安震はかもり®」の販売
産業用地震対策「安震アジャスター」の販売・施工

■インタビュー

杉田規久男氏

株式会社安震　代表取締役社長

「安震はかもり®」の販促用DVDは大成功

宮崎さんに最初にお願いしたのが、墓石や石造物の地震対策ゲル「安震はかもり®」の販促用の動画です。阪神淡路大震災で無残に倒れたお墓を見て、「なんとか倒れないようにしたい」と試行錯誤して開発したのが「安震はかもり®」です。
これは、震度7の耐震実験でも抜群の安定性を実証していて、既存の石造物にも施工でき、石への加工は不要です。現場で職人さんが、最短45分で迅速に施工できること、お客様目線で安くて効果的であることにこだわって開発しました。

実際に販売するのは、提携している石屋さんや造園業者。その営業マンから「うまく商品を説明できない」という意見が出て、それなら分かりやすいPR用の動画を作ろうと。百数十社の加盟店があり、数百人の営業マンがいるのですが、営業レベルを引き上げたい思いがありました。

出来上がった動画を見て驚かされたのは、実験結果を見て「やった！」とガッツポーズをとる僕の表情を捉えていたことと、実際の震災直後の映像が入っていたこと。臨場感をもって開発者の思いを伝え、商品の信ぴょう性や仕組みもわかりやすく伝えられるDVDに仕上がっていたんです。
これまでも、いろんな業者さんに映像も作ってもらっていましたが、あまり出来がよくありませんでした。これだけクオリティの高い映像を作ってもらい、「プロの仕事」を見させてもらった気がします。もちろん、営業レベルは格段に上がりました。

産業用の「安震アジャスター」を開発

そして、２０１３年の東日本大震災を目の当たりにして「これまでのノウハウを生かして、僕たちにもできることがある」と考え、産業用の地震対策に乗り出しました。今、建物自体の地震対策は、行政指導などによって進んでいます。ですが、内部に設置されている機械や機材などの地震対策は進んでいないし、やっていても不十分だったりする。建物がいくら無事でも、内部が守れなかったら生産停止に追い込まれてしまうのです。何より、機械や機材の損害自体も大きくなり、人に危害を与える存在にもなりかねません。

そこに着目して、工場内などの機械や設備、機材を固定できる「安震アジャスター」を開発。震度7の縦揺れにも横揺れにも耐えられるよう試行錯誤を重ね、床に穴をあけずに施工することにもこだわりました。水や油にも強い、しかも、レイアウト変更をしたいときは剥がすだけという手軽さもある、今までにない画期的な商材です。

今もあらゆる角度からの実証実験を続けています。

機械の固定には、床に穴をあけて固定する方法が一般的ですが、穴をあけた部分が痛むと耐震性が落ちてしまいます。それに、食品や薬品など衛生面が重要となる工場では、穴をあけないほうが、衛生的にもベストなんです。

結果を出しているからこそ、自信をもってすすめられる商品です。

ただ、これをどう売っていくのか。そこが大きな問題となりました。

工業地帯のある三重県を中心にCMを展開

営業には苦戦しました。「安震はかもり」のように、「安震アジャスター」もさまざまな代理店に販売を依頼していますが、思うように伸びない。僕たちも奔走しましたが、なかなかアジャスターの採用までたどり着けません。

慣れ親しんでいた「石屋」の世界と、産業界では勝手がまったく違いましたね。

そんな時に、宮崎さんから「テレビＣＭをやってみたら」と提案されて。

私も、世の中に知られていないものを伝えるにはテレビＣＭが最適だと思いましたから、即ＯＫしました。ホームページも充実させてはいたんですが、知られていないと検索すらされませんからね。しかも、耐震系の商材は山のようにあって、ネット上で自社製品を目立たせることはかなり難しいのです。


宮崎さんからの提案もあり、ＣＭ用の動画は、そのままプレゼン用にも使えるよう30秒の映像にすることになりました。

比較耐震実験のシーンや穴をあけないことなど、安震アジャスターのよさを全面に出したＣＭが完成。三重県四日市市の工業地帯の関係者をターゲットに定めてＣＭを３ヶ月間、三重県の地元ローカル局で放送しました。

しかし、結果的に、大きな反応はありませんでした。

既存のモノを越えるには、相当な難しさがある

いろんな人の話や、営業での体験を通じて感じたのは、既存の工場に新しいものを入れようとするのは相当に難しいということ。

既存の工場に導入する話になると、たいていの担当者が躊躇してしまう。

機械を止めて、すでに耐震施工されているものをいったん取り除いて、安震アジャスターに施工し直すことになり、手間も時間も料金もかかってしまうからです。

新工場なら設置しやすいし、これまでの手法よりも効果的で、なおかつ安く済むので比較的話は早いはずですよね。

それでも、決定権を持っている人と話ができないと、どんなに良い商品、自信のある商品でも、新しい商品は導入されにくいことを痛感しています。

まったく新しい商品を導入するのは、社員である担当者にとって責任を伴うことになり、リスクにもなるんですね。

それでも今、安震アジャスターの耐震性は着目されつつあり、製薬会社や製造業から問い合わせがあったり、大規模な新工場への導入の話も進んでいます。

何千万円、数千億円という機材をいざというときに守るのが、安震アジャスターの役割。地震対策に、機械代の何分の1かを投資するだけで守ることができ、復興も操業の再開も早くなるはずです。

穴をあけて固定するタイプの耐震装置の弱点を問題としない、安震アジャスターのことを知ってさえもらえれば、選んでいただけると信じています。

「当たり前」になる日のために

業種や担当者によっても、正直にいうと地震対策に関する関心の高さや温度差は、さまざまです。近い将来、「きちんとした耐震対策をやっていなかった」というリスクが高くなる日が来るような気がしています。

同じ「地震対策」の製品であっても、それぞれの精度や効果は全く違います。

「あの会社は導入していたのに、なぜウチはやってないんだ」「製薬会社は導入しているのに、なぜ食品会社は導入しなかったのか」など、対策の講じ方の差が歴然とし、「やっていないリスク」が見える日がくるでしょう。

考えてみたら、どんなに有名な商品でも大手企業でも、CMをずっと続けているんですよね。新しいものを周知させるには費用も時間もかかることは容易に想像できます。

今回は三重県をターゲットにしましたが、次は、地震対策の意識が高く、製造業も多い静岡県でCMを出したらどうかなと思っています。

販売促進はもちろんですが、日本の製造業、あらゆる産業の現場を守るために、諦めずに突き進みます。

大変なことはまだまだありますが、今後の展開が楽しみになってきています。

著者からのこぼれ話

企業のトップも、役職者もテレビは見ています。そこでいかに目に止まってくれるか、記憶に残るかですね。目に止まるだけのCMの投下量も必要です。今回は30秒ＣＭにしたので、15秒と比べて放送量は半分になってしまいました。その点も反省すべきかもしれません。

またここでも、「世の中にはまだない商品」をＰＲすることの難しさに直面しました。周知されるまでには時間がかかりますが、一度認知されて信頼を得たら、先駆けの商品ほど強いものはありません。

大正製薬の「リポビタンＤ」や大塚製薬の「ポカリスエット」がそう。これらの商品も、当初は日本になかった先駆け的な商品です。ヒットしてから他社から似たような商品がたくさん出ていても、いまだに各ジャンルでトップ売り上げを誇るのは、この２つの商品なんです。

最初にやったところは強い。安震アジャスターもその可能性が十分にあると私は考えています。

ケース 1

Sansan株式会社

設　立　2007年6月
本　社　東京都渋谷区神宮前5‐52‐5　青山オーバルビル
社員数　約250人
代　表　代表取締役社長　寺田《てらだ》親弘《ちかひろ》

Sansan株式会社は法人向けクラウド名刺管理サービス「Sansan」を提供するIT企業です。仕事で毎日交換される名刺。名刺は、いつだれと会ったのかという「出会いの証」と言えます。「Sansan」は、その「人と人のつながり」の情報を組織で管理・共有するためのサービスです。

Sansan株式会社はクラウド名刺管理サービスの先駆けであり、市場シェアは8割を超えています。

新しい「仕組み」を売るこの会社に、テレビCMという媒体を戦略としてどう使ったのかを尋ねてみました。

■インタビュー

田邉 泰さん

Sansan株式会社　ブランドコミュニケーション部・部長

なぜテレビCMをやろうと?

我々は、紙の名刺をデジタル化し、組織で共有することによって、「名刺を企業の資産」として管理するという新しい当たり前を作ろうとしています。

そして、新しい当たり前を作り出すためには、圧倒的なスピードでSansanを普及させていくことが必要でした。

しかし、一般的に名刺というのは、長い間、机の上に置きっぱなしだったり、引き出しの中に入れてそのままだったり、うまく活用せずに眠らせておくことが当たり前でした。そのため、サービス開始当初は名刺管理にお金を払うという感覚が世の中的に薄く、導入していただくのがなかなか難しかったのです。

普通に階段を上るようにゆっくり成長していく形だと、なかなか当たり前にはならない。例えば、スマートフォンは10年前には影も形もありませんでしたが、今は皆が普通に使っている。人々の認識を変えるためには、そのくらい圧倒的なスピードで塗り替えていく必要があります。

そう考えると、ＣＭやテレビというのは、いろんな層や大多数の方に向けて一斉にメッセージできる、非常に優れた媒体だと思います。

例えば、新しいオフィスを作ろうと思った時に、コピー機やパソコンって何も考えずに揃えると思うのですが、そういった当たり前のものとして「あ、Ｓａｎｓａｎも必要だった」と思ってもらうためには、特定の人だけが知っているマニアックなものではいけません。

一部のビジネスパーソンだけではなく一般の人にも、もしかしたら主婦や子どもにとってもそうかもしれませんが、圧倒的な大多数の人に「Ｓａｎｓａｎ知ってるよ」と言ってもらう必要があるのです。そういった点からも、テレビＣＭを制作することは良いのではないかと判断しました。

ＣＭなんてやめておけと言われて……

実は、最初にＣＭをやりたいと制作会社に相談した時には「やめておけ」と言われました。人々の印象に残る、本当に効果があるＣＭを作ろうとしたら、掛ける予算の規模が全然違うと言われたのです。

放映する時間帯や番組も含めて予算を確保することはもちろんですが、作る以上は、しっかりとしたメッセージを伝え、人々の心に残る作品にしないと意味がありません。

言ってしまえば、スマートフォンで雑に撮った動画でもＣＭとして流すことは可能です。しかし、それでは「Ｓａｎｓａｎ」の価値も伝えたいメッセージも、うまく届けることはできないのです。

大事なことは、ただＣＭを流すことではなく、Ｓａｎｓａｎを当たり前にしていくことだったので、その目的を達成するために、たくさんの費用が掛かるのは当然ともいえました。

「それさあ、早く言ってよー」のフレーズがもたらしたもの

初年度のＣＭ放映は関東圏だけで行い、朝、土日、夜など、ビジネスパーソンが家にいる時間帯を狙って投下しました。

ＣＭ後の反響は大きく、営業現場でのお客様の反応が変わりました。

例えば、名刺管理の課題を解決できます！のように営業電話をかけても、そもそも名刺管理に興味がないので説明するのが非常に難しかったのですが、ＣＭ放映後は

名刺を企業の資産に変える
Sansan

「『早く言ってよー』のＣＭをご存知ですか？」という会話から、まずは話を聞いてもらえるようになりました。さらに「『早く言ってよー』ということ、うちもあるんだよ」と身近な出来事として共感してくれるので、サービスの世界観を非常に伝えやすくなりました。

また、契約の場面でも大きな効果がありました。今までは「よくわからないサービスだから」という理由で社内の承認が通らないこともあったのですが、「あのＣＭだったらやってみてもいいかな」と承認する立場の方々がＣＭを知っていることで、商談がスムーズに進むようになったのです。おかげでＣＭ放映初年度の受注件数はそれまでの2倍に伸びました。ＣＭ放映前、約１０００社だったサービス導入社数は、今では５５００社を超えています。

その他に、社員のモチベーションにも良い影響がありました。

創業メンバー5人から始めた会社ですが、ＣＭをやれるようになったこと、ここまで頑張ってこれたこと、そういった気持ちが社員のモチベーションをグッと上げたように思います。

ＣＭを作ったことで分かってきたもの

ＣＭをやってみて、考え抜いて作り込まれた作品は、やはり人々の印象に残りやすく効果的だと強く感じました。

その経験から、私たちが目指す世界観、届けたいメッセージを正しく伝える手段として、よりクリエイティブに力を入れようと、２０１６年に「ブランドコミュニケーション部」を新設しました。
ブランドコミュニケーション部では、私たちが提供するサービスの価値や根底にある革新性に共感し、使ってみたい、あるいは使い続けたいと思うブランドイメージを醸成することを目指しています。

例えば、弊社の名刺は自社でデザインしているのですが、名刺上のレイアウトだけではなく、相手が名刺を手にした時の感触にまで気を遣っています。1つ1つのものが与える印象から、私たちの会社のイメージが作られていくため、細部にまでこだわっているのです。

ただし、自己満足になってしまってもいけません。相手にきちんと「伝わる」ことが重要であるため、言いたいことを一方的に言うのではなく、伝えたいメッセージがきちんと「伝わる」のか?ということを大事にしています。
そういう意味で、テレビCMという媒体は非常に難しいものだと思います。皆がじっくり見てくれるわけではないですし、他のことをしながら耳だけで聞いているということもあります。どんな人に、どんな風に届けたいのか、いろんなポイントを押さえつつ、サービスの本質的な価値が伝わるクリエイティブを考えていくのが大切なのだと思います。

会社を大きくするよりもイノベーションを起こしたい

Ｓａｎｓａｎという会社は、大きい会社を目指しているわけではありません。

創業当初より「ビジネスの出会いを資産に変え、働き方を革新する」というミッションを掲げ、ビジネスの出会いの証である名刺から、世の中の働き方にイノベーションを起こそうと向き合ってきました。

私たちがやりたいことは「イノベーションを起こしたい」これに尽きるのです。

名刺管理という切り口で、世界を変えるような新しい価値、新しい当たり前を作りたいという人が集まって会社になっているというイメージです。

会社を大きくしていくこともビジネスをやる上では非常に重要ですが、紙の名刺という煩わしいものをビジネスシーンからなくすことや、名刺本来の価値である「人と人のつながり」の情報を活用できる状態にすること、その結果、ビジネスパーソンの働き方をシンプルにしていくことが私たちの存在意義です。それは創業当時から変わっていません。

第2章

あなたがCMを始めるなら

ＣＭを始めるならば、大切なことは勇気と覚悟

大切なことは、勇気と覚悟。

勇気とはスタートする、お金をかけることである。

覚悟とは、まとまった予算を用意すること、つまり目先の反応にこだわらず、長期的な目線でやれるかということだ。


ＣＭの目的にもよるが、バーゲンセールやイベントの告知などは、内容も分かりやすく伝えやすいし、短期に集中して投下することで反応が取れる。

会社のブランディング的な内容は、短期というより長期的な目線で構えていただかないと、結果は出ない。

その結果を得るまで、我慢できるか。だから覚悟が必要なのだ。

では、実際に事を進めるに当たって、手順を説明しよう。

まずは、大まかな流れを説明する。

［CM出稿までのフローチャート］

社内で内容と目的を決め、予算を精査する
←
広告代理店を決める
←
CMの絵コンテを決めて、局の考査にかける
←
素材（動画）制作
←
放送日と局を決める
←
出稿、放送

最初に決めなくてはならないこと、それは予算と目的だ

私は最初に打ち合わせにうかがった際には、どれくらいの予算で考えているのか、必ず伺うことにしている。お金の話は後回しにすると、トラブルの元になるので最初に話すのだ。

お金にまつわる話で気になるのは、放送料金だと思う。

自分の住んでいるエリアは、どれくらいの料金で放送できるのか。

実はこの値段は決まっている。人口に対して、いくらというガイドラインがあるのだ。それが定価で、業界では正価と呼んでいる。

日本広告業協会発行の「放送広告料金表」によれば、新潟エリアの深夜・早朝スポット料金は一律1本あたり60，000円。四国・岡山エリアは一律65，000円。福岡は一律80，000円といったところである。

実際の放送は、この正価では行われていない。

この正価に対して御社の場合、何％でよいですという値段が出てくる。

それを掛け率という。

一般には割引と呼んでいるが、業界では掛け率と呼んでいる。

実はこの掛け率、業種によってちょっと違うのである。

大方の業種は掛け率に割引があるのだが、あまり無い業種もある。


例えば、消費者金融がそうだ。

消費者金融のＣＭを増やすと局は売り上げが上がるのである。

一日は24時間という限られた時間であり、さらに、ＣＭの放送時間は限られている。

量は決まっているので、１本単価を上げること＝売り上げアップになるわけだ。

売上を上げたいのならば、消費者金融のＣＭを増やしたらよいじゃないか、と思うだろう。そうすると特定の業種のＣＭばかりが増え、視聴者が見てくれなくなり視聴率が下がる可能性があるのだ。

一般企業であれば、ほとんど割引がある状態で購入できますので、安心してほしい。

おすすめエリアは静岡、新潟、岡山・香川、東海三県、福岡

人口に対しての値段が設定されているとはいえ、そこは県ごとに放送エリアが設定されているので、厳密な人口比とはなっていない場所がある。

いわゆる、おすすめのエリアがある。

静岡、新潟、岡山・香川、東海三県、福岡あたりがそうだ。

放送する時間にもよるが、新潟は10万円で5～7本、静岡は20万円で10～15本の放送が可能だ。

岡山・香川エリアは、月額5万円から可能で、本数にすると5～6本程度である。

特に岡山・香川は2県で1放送エリアなので、人口の割に安くなっている。

名古屋を含む東海三県（愛知・岐阜・三重）だが、30万円で6～8本程度放送できる。ちょっと高めに見えるが、人口が多いエリアなので割安となる。

福岡は30万円で9～12本程度。

この本数だが、視聴率の高い局と低い局ではだいぶ差があり、放送する時間帯によってもかなり値段の差があるので、あくまで参考価格としておいていただきたい。

この値段は、皆さんが思っていたＣＭの価格だろうか。いかがだろうか。

月に数百万、数千万もかかるというのは、東京や大阪で放送した場合の価格である。

この大都市圏の印象が伝わった結果、ＣＭは高いと思われているような気がするのだ。

地方都市で始めるＣＭなら、低価格で出来るのだ。

チラシとの価格比較をしてみた

ＣＭとよく比較対照にされるのは折り込みチラシだ。

お互いにメリットとデメリットがある。

ＣＭの場合は広範囲に放送されるため、営業圏外にも放送される可能性がある。

一方、チラシは欲しいエリアだけに絞って広告することが可能だ。

CMは印象には残りますが、手元には残らない。

チラシは手元に残せるというメリットがある。

それぞれ一長一短があるのだ。

相談されるケースとして増えてきたのは、チラシが以前ほど効かなくなったというもの。その変わりにCMをやりたいというのである。


チラシが利かなくなった理由として、考えられるのはネット環境の整備。

スマホが普及したことで、ネットでニュースが見れるので、わざわざ買わなくてもよいという方が増えた。

もう1つは、マンションが増えたこと。

マンションはセキュリティを厳しくしているため、エントランスにも入れなくなっている場合がある。その場合、新聞配達員はマンションの玄関に新聞を入れられない。

その場合、郵便物と同じようにポストに入れるのだ。

そうなると、マンションの住民は毎朝、エレベーターで1階に下りて新聞を取りに行かなくてはならない。パジャマで行くのもちょっと気が引けるので、わざわざ着替えたりする必要があり、かなり面倒だ。

スマホでニュースが見れることもあり、新聞を取らなくなる。

このチラシが効かなくなった傾向は都会で顕著である。

では、一体どちらがコストがかかるのか、比較してみよう。

新潟を例に挙げて考えてみたい。新潟はチラシの効果が結構あると言われるエリアだ。

県全体の世帯数は約88万5千世帯。

新潟だとチラシの折り込み代は1部3．3円である。他の地域と比べると比較的高めと言われている。

ちなみに、ある会社が新潟県内の5万世帯に向けて、折り込みチラシを試みた。

その時の制作費がデザイン代と印刷代を合わせて100万円程度。折り込み代を含めると約120万円。

この額をＣＭに置き換えると、60本から80本は放送可能だ。

いかがだろうか。ＣＭって意外に安くないだろうか？

映像と放送の割合とは

勇気と決意の話。

映像制作はいくらぐらい、放送料金はいくらぐらい、と大まかに決めよう。

1年間、放送するという決意のもと、算定してみたいと思う。


よく、どれくらい放送したらよいのですか、効果的ですか？と聞かれる。

その場合、1日、1本の放送を目途にされてはいかがですか、と答えている。

放送が1本1万円で可能なエリアであれば、30本で月額30万円。

1年で360万円となる。

ＣＭでは動画のことを素材と呼んでいる。

素材の制作費は、放送料金の半分から3分の1くらいを目安にしてみたらよいかと思う。標準的に作った場合、100万円代で制作は可能なので、年間の経費は約

500万円となる。1年間くらい放送すると、かなりの方から「観たよ」と言われるようになる。

気になるのは、素材制作の経費だと思う。

以前と比べるとカメラや編集機など機材は随分、安価になった。

カメラは私が映像業界に入った頃などは、レンズを入れて1000万円ほどしていた。

編集機ともなると高額なのは1億円ほどした。

そうなると、最低限の撮影をして編集しても、100万円以上かけて制作するのはざらにあった。

しかし、今は100万円も出せば、業務用の映像が撮れるカメラがあるし、CMではキヤノンなどの一眼レフカメラを使用して撮影するケースも多くあり、かなり安価になっている。

編集もマックなどのパソコンで大方の作業ができるようになった。

そんな理由により、素材の制作費は撮影をしても数十万円で済むこともある。

ただ内容によっては、タレントを起用したり、スタジオを借りたり、衣装やメイクが必要だったりするので、それなりに掛かる場合もある。

有名タレントを起用すれば、当然、経費は上がるし、長く使いたいということで、見飽きないよう予算をかけるというのも一つの手だ。


目的がイベントの告知やバーゲンなど、期間限定の場合、素材に過剰に経費は掛けないほうがよいと思う。

そもそも、これからのイベントを紹介するのに、無理に事前に撮影して動画に仕上げる方が不自然だ。

よくやる手で一番、安上がりなのは、写真などの静止画を編集で動かすパターン。

これは視聴者にも経費が掛かっていないことが分かってしまう。

しかし、昨今は編集の技術が上がっているので、写真を集めて動画風にしたりすることも可能で、以前ほど見劣りしなくなった。

逆に良い写真があったら、これ一発で勝負も可能である。

予算がないから静止画と、ネガティブに考えず、良い写真があるから一点勝負と前向きに考えるのも1つの方法だ。


意外に経費がかかるのが、音楽とナレーションである。

専用のスタジオで収録するのだが、1時間いくらと結構な経費が発生する。

制作会社内である程度、編集はできるが、この音の処理だけは難しいのだ。

例えば、ナレーションを収録する場合、全くの無音の状態で音が反響しない場所という条件がそろっていないと、収録が出来ない。

会社の中で収録するとほぼ雑音が入ってしまう。

ナレーションの背景に電話の鳴っている音が入っていたら、変ですよね。


通常、ナレーションはプロのナレーターに依頼する。

名の知られていない方から有名アニメの声優まで幅は広く、多くのナレーターがいる。その分、料金の幅も広い。

ナレーションの声でCMの印象は、かなり変わる。

さらにＣＭの出来は、音楽にもかなり左右される。

効果的に音楽を使うと覚えてもらいやすく、視聴者の記憶に残りやすい。

ＣＭに使用する音楽は大きく分けて３つある。

市販されている音楽を使う、自前で作る、著作権を買い取った音楽を使う、だ。

皆さんが使いたいのは市販されている音楽だと思うが、その場合、音源の製作者に使用料金が発生する。その使用料金をお伝えするとだいたい皆さん断念する。有名な曲は年間契約だと１０００万円近くする場合がある。

その音楽を利用して知名度を上げるのだから、仕方が無いことかも知れない。


自前でオリジナルソングを作る方法もある。

知り合いにミュージシャンがいる場合、一緒にイメージを共有して作ったりすると、ＣＭそのものの制作に参加できるので、作品に愛情が持てますね。

ネットで「オリジナルソング　制作」と入力すると、オリジナルソングを作りますというホームページがかなり出てくる。

最近では、楽器を演奏しないで打ち込みだけで音楽を制作できることもあって、か

なり割安で制作してくれるようだ。こちらを利用するのも手だろう。

著作権を買い取った音楽だが、録音スタジオには大量のＣＤがある。

これは音楽を制作している会社があって、音楽が必要な録音スタジオに販売している。録音スタジオには音楽効果といわれる人がいて、こうした膨大な音楽の中から、その動画にあった音楽を選んでくれるのである。

この音楽を業界では、フリーユースと呼んでいる。

余談だが、今、テレビ番組をネットで配信することが増えてきた。

多くのテレビ番組は市販されている音楽をBGMとして使用している。

そのため、テレビ局は音楽を管理しているJASRACと契約してグロスで使用料金を払っている。

この使用料金というのは、放送事業に関しての支払いとなっている。

よって、ネットに動画を配信することは放送以外の使用となり、別途JASRACとの相談が必要となる。そのためネットに配信する番組に関しては、フリーユースの音楽を使うことが多くなった。

この先、フリーユースの需要が高まるかと思われる。

この音楽とナレーションは、女性の化粧と同じで、入れたことで劇的に変わる。

素材をよく見せるために必要だと私はよく言っている。

目的＝伝えたいことが何かを明らかに

	伝えたいこと	何を見せたら伝わるか
1		
2		
3		

目的＝伝えたいことが何かを明らかにする。

絵コンテなど内容を練っているうちに、目先が変わり、だんだん目的があいまいになり、しまいにはCMを作ることが目的になっていたりしがちだ。

その不幸を避けるため、目的を明確にすることが大事だ。

頭の中だけで、描いてみてもまとまらないので、まずは文字で書いてみよう。

弊社では言葉を映像に置き換えるためにこんなシートを使っている。

ご参照いただきたい。

ＣＭに関して正しい代理店の選び方

さて、大体の内容や予算が決まったら、広告代理店を決めよう。

どうして広告代理店が必要かというと、通常、テレビ局は企業と直接、取引を行わないのである。

主な理由だが、テレビ局はニュースを知らせるという報道機関であり、国からの免許事業だ。取引先が倒産して、テレビ局が連鎖倒産してしまうと使命を全うできない。

それで、間に広告代理店をはさんで、直接、取引をしないという仕組みになっている。

広告代理店は通常、放送前にテレビ局に支払いを済ませる。つまり広告代理店は、金銭保証をしているのである。

その他に、保証金を積んで決済を行っている場合もある。

いずれにしても、テレビ局へ、金銭の流れが途絶えない仕組みになっている。


いつも出入りしている代理店はＣＭを扱っていない、ネットで検索しても、よく分

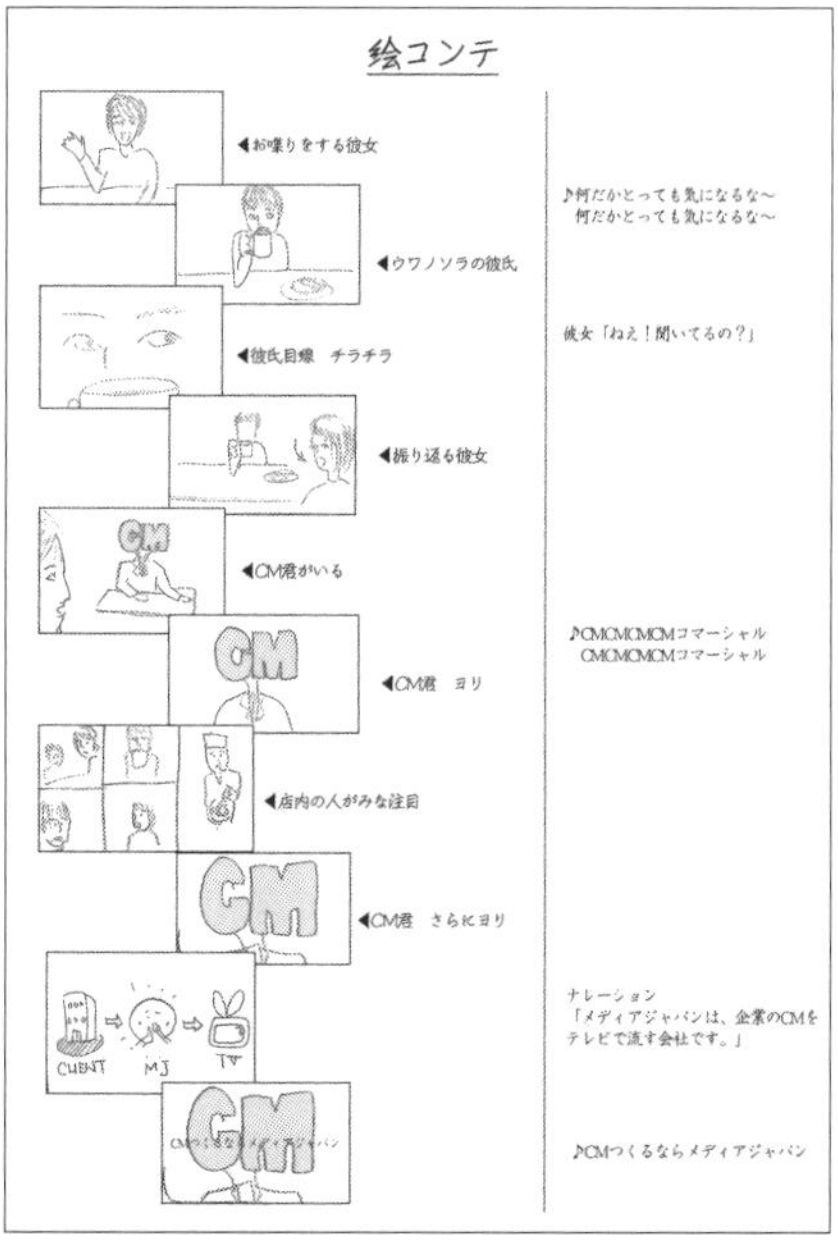

	伝えたいこと	何を見せたら伝わるか
1	ＣＭを作っている会社	ＣＭのキャラクターを制作
2	ここでＣＭを作ったら、面白い作品ができる	日常のなかにキャラクターがいるという異空間
3	社名	ナレーションで強調

からないし不安。メディアジャパンは、遠方だから経費がかかるし……（笑）と、お悩みのあなたに広告代理店の見分け方をお教えしよう。

大きくは2つの方法がある。

1つはネットで検索、もう1つはテレビ局に聞く方法だ。

ネットで検索した場合は、電話して出た担当者に、どこの会社のCMを扱っているのか聞いてみよう。

CMの扱いがほとんどないなら、断ること。

紙媒体と違い、CMはちょっと特殊で、紙媒体と違って段取りが複雑である。

テレビ局との交渉も業界のルールを知らないと上手くできず、良い放送時間枠が確保できない可能性がある。

もう1つは、テレビ局に聞くという方法だ。

CMには制作した会社名など一切入っていないので、一体どこが制作したのか、わからない。

気になっているＣＭ、うちもこんな風に作って欲しいというＣＭがあったら、放送しているテレビ局に電話して、そのＣＭを扱っている広告代理店を聞くのだ。

テレビ局へは代表番号に電話しよう。交換の方が出たら、「ＣＭのことで聞きたいことがあるので、営業部に回してください」と伝えてください。

すると営業部の誰かが出るので、「いま、ＣＭを検討しているので、＊＊会社のＣＭを扱っている広告代理店を教えてください」と聞いてみよう。

必ず教えてくれるだろう。だってお客様予備軍ですからね(笑)

これは守秘義務案件でも何でもないので、教えてくれる。安心してほしい。

気になるＣＭが何もない場合。

テレビ局との扱い額が大きい地元の広告代理店を3社程度、教えてもらおう。

電話に出た営業担当者に「良い広告代理店を教えてください」と聞いてはダメだ。

扱い額が大きい地元の広告代理店を3社程度というのがポイント。

なぜ、良い広告代理店と言ってはいけないかというと、テレビ局が特定の広告代理店を勧めたことが分かってしまうと、他の代理店から反撥が出るからだ。

［ＣＭ出稿までのフローチャート］

社内で内容と目的を決め、予算を精査する
←
広告代理店を決める
←
ＣＭの絵コンテを決めて、局の考査にかける
←
素材（動画）制作
←
放送日と局を決める
←
出稿、放送

広告代理店はテレビ局にＣＭを持ってきてくれるお客さんである。特定の所をひいきには出来ない。だから、扱い高が大きい地元広告代理店と指定した方がよいのだ。

これは事実を知らせることだから、問題ない。

その際、必ず地元の広告代理店と言うことが大事だ。

言わないと、電通、博報堂など大手が出てきてしまうので、ご注意を（笑）だったら、テレビ局に電話する必要はないですよね。

具体的な進め方だが、全くＣＭは初め

ての場合。

私は広告代理店2、3社でプレゼンすることをお勧めする。

最初から1社に決めて付き合うのは、代理店の言いなりになりかねず、少々リスクが伴うと思う。数社にすることでそれぞれの広告代理店の特徴が分かるし、業界の事情も見えてくるというメリットがある。

CMが成功している会社からの紹介ならば、1社でもよいかと思う。

プレゼンに向けてだが、全社を一同に呼んで説明会を開く方法があるが、私は1社ずつ打ち合わせすることをお勧めしている。

その方が広告代理店側も、御社の事情を深く聞けるので絵コンテを作る良いヒントになる。全社合同では、事情を聞いても皆に聞かれてしまうので広告代理店側も質問に苦慮するのだ。

その説明の際、伝えたい事をまとめたものと、予算感を伝えるとよいかと思う。

CMにはタイムとスポットと2通りの買い方がある

ここで、もう少しCMの概要に関して詳しくお話しよう。

CMには大きく2つの買い方がある。

1つは番組の提供スポンサーとして購入する方法。

番組内で「提供は……」とアナウンサーのナレーションが入ることがあると思う。この購入方法をタイムという。タイムは番組内で放送され、会社名がテロップもしくはナレーションで読まれる。

タイムは番組の制作費を負担、提供している形である。そのため比較的高額になっている。放送は原則30秒単位なので、30秒CMが必要になるが、ない場合は15秒を2回セットとして放送する。

このタイムは全国ネットでの放送に対応している。

つまり全国一斉に放送したいとなると、このタイムという買い方になるのだ。

30秒……………ご覧のスポンサー
60秒……………社名または商品名
90秒以上………簡単なキャッチフレーズを含む社名または商品名

このキャッチフレーズだが、有名なものだと、サントリーの「水と生きる」や日立の「インスパイヤー・ザ・ネクスト」だろうか。

この方が印象に残るという理由で採用されている形だ。


もう1つは、番組と番組の間をメインに放送する形で、スポットと呼ばれている。

こちらは原則15秒である。

全国一斉の放送はありません。各エリアごとの購入となる。

例えば、東京圏だけ放送したいとなると、このスポットになるのだ。

昨今は、タイムの販売が不調なので、タイムをばらしてスポットとして販売している。よって、スポット購入でも番組内の放送が可能になっているのだ。

再放送は、番組の制作は完了しているのでタイムでの販売は原則ない。

しかし地方局によっては、人気番組はタイムで売ったりするケースもある。

地方局の経営状況が見え隠れしますね。


初めてのCMを考えていてこの本を手にした方が多いと思うので、スポットを中心にして話を展開したい。

まずCMを発注すると、番組表というものが届く。

私たちは業界用語で「ふんどし」と呼んでいる。

理由は単純、白くて長いから。


この番組表には赤い線が引かれていて、横には日時が記入されている。

これが放送する時間。「線引き」と呼んでいる。

時間帯の表記はテレビ局によって若干名称の違いがあるが、概ね、ゴールデン（19時~22時）をA、特B（12時~14時、18時~19時）、B（7時~10時、17時~18時、

[redacted]
代理店:メディアジャパンエイジェンシー
[redacted]

[redacted]　スポット時間取表

年月	月	火	水	木	金	土	日	年月
2016年 10月	3·[illegible]·17·24·31	4·11·18·25	5·12·19·26	6·13·20·27	7·14·21·28	1·8·15·22·29	2·9·16·23·30	16年10月
11月	7·14·21·28	1·8·15·22·29	2·9·16·[illegible]·30	[illegible]·10·17·24	4·11·18·25	5·12·19·26	6·13·20·27	11月
12月	5·12·19·26	6·13·20·27	7·14·21·28	1·8·15·22·29	2·9·16·[illegible]·30	3·10·17·24·[illegible]	4·11·18·25	12月
2017年 1月	[illegible]·[illegible]·16·23·30	[illegible]·10·17·24·31	4·11·18·25	5·12·19·26	6·13·20·27	7·14·21·28	[illegible]·8·15·22·29	1月
2月	6·13·20·27	7·14·21·28	1·8·15·22	2·9·16·23	3·10·17·24	4·[illegible]·18·25	5·12·19·26	2月
3月	6·13·[illegible]·27	7·14·21·28	1·8·15·22·29	2·9·16·23·30	3·10·17·24·31	4·11·18·25	5·12·19·26	3月

平日ランク	時	分	月	火	水	木	金	土曜ランク	土	分	日	時	日曜ランク
C	4							C				4	C
		55	天気予報						天気予報	55	天気予報		
	5		モーニングプラザ1						モーニングプラザ1		モーニングプラザ1	5	
		30	モーニングプラザ2						モーニングプラザ2	30	モーニングプラザ2		
B	6		モーニングプラザ3 06:00-13:30 ローカル路線バス乗り継ぎ 1/2					B	モーニングプラザ3		四季の釣り	6	B
		30	モーニングプラザ4						モーニングプラザ4	30	サンデースクエア1		
S	7		天気予報					S	THEフィッシング		サンデースクエア2	7	S
		05	おはスタ										
		30	モーニングプラザ5		リルリルフェアリル～妖精の	フューチャーカード バディ	プリパラ		土曜コレクション1	30	フィッシングライフ		
	8		KYOカラ·OK！	洋子の演歌一直線	うたなび！	モーニングプラザ5	ポンコツ＆さまぁ～ず		土曜コレクション2		サンデースクエア3	8	
		30	モーニングプラザ6		みんなで歌おう♪楽しい童謡	モーニングプラザ6			NARUTO疾風伝	30	昼めし旅		
		45			モーニングプラザ5								
B	9		生活情報専門街1			空から日本を見てみよう+（	生活情報専門街1		デュエル·マスターズVSR		しまじろうのわお！	9	
		30	生活情報専門街2				30 生活情報専門街2		ABChanZOO	30	きのくに21		
		55				テレわか＋							
C	10		生活情報専門街3					S	週末セレクション1 10:00-11:00 超ポンコツさまぁ～ず 12/31		美の巨人たち	10	S
		30	生活情報専門街4						週末セレクション2	30	はばたく紀の国～教育は今～		
										50	テレわか＋		
										55	天気予報		
B	11		生活情報専門街5						週末セレクション3		ズバリ！くらしの相談	11	
									ウィークエンド天気	25			
		30	生活情報専門街6						男子ごはん	30			
										55	天気予報		
	12		ご存知時代劇シリーズ		12/28		開運！なんでも鑑定団 極上	A	超かわいい映像連発どうぶつ		開運！なんでも鑑定団	12	A
		54	ウワサの通販最前線				テレわか＋						
									テレわか＋	55			
		58	天気予報				おじゃ天！～おじゃまで天気						
	13								サタデープレゼント1		サンデーアフタヌーン1	13	
		02	リビングアイ1										
									サタデープレゼント2	30	サンデーアフタヌーン2		
		31	リビングアイ2										
	14		お昼の時代劇シリーズ				韓国ドラマ トキメキ☆成均 14:00-16:00 所さんの楽しいゴルフ 12/30		やすとものどこいこ！？		サンデープレミア！ 15:50-17:30 世界の秘境で大発見！日 1/1	14	
		54	ウワサの通販最前線										
									街ネタ和歌山	55			
		58	WTVニュース										
	15								テレショップ			15	
		03	リビングアイ3										
		32	歴史の道 歩き旅										

[redacted]

23時～24時）、Ｃ（深夜・早朝）と4つに区分けされている。

当然、ゴールデンが一番高額で、特Ｂ、Ｂ、Ｃとなるにつれて安くなる。

そしてページの最後には一覧表が付いている。ここで本数と線が引かれている場所、料金が確認できる。

正価と書いてあるのが定価のことで、それに対して掛け率が＊＊％と表示されている。そしてゴールデン、特Ｂ、Ｂ、Ｃに何本放送とある。

スポットＣＭの放送にはパターンがある

自社のＣＭを観て欲しい視聴者に対して、どうやってアプローチするのか。

実は視聴者層に合わせて、ある程度の定型化されているものがあるのだ。

代表的なものをご紹介しよう。

まずはコの字型と呼ばれている形だ。

土日と平日のゴールデンタイムを狙った買い方である。この時間帯は視聴率が高い時間帯なので高額になる。

子どもから高齢者まで、幅広い視聴者を狙えるというのが特徴だ。

サラリーマンやＯＬなど働く人たちを狙う場合、朝と夜を狙う。

朝は時計代わりにテレビをつけている人が多く、見ている番組は固定化されていて、ある程度決まっていると言われている。

主婦層狙いは、昼間から夕方の時間を狙う。

この時間帯は視聴率がさほど取れないので、比較的安く購入できる。

芸能ネタが得意のワイドショー的な番組が多い時間帯。そんな主婦層を狙い、美容用品や健康食品、日用雑貨などのＣＭが多く出稿されている。

通販系のＣＭも多く、旦那さんが家に居ないので購入しやすい時間でもある。

一番購入されるケースが多いのは、全日という型だ。

特に視聴者ターゲットを絞らず、早期から夜、深夜も含めて全体的に放送するというもの。

寿司屋に例えて言うと、コの字型はウニやトロみたいな高いネタばかり注文した場合になるので当然、値段も高いですよね。

この全日は、ウニやトロも少し入っているが、他の安いネタ、店主が売りたいネタも入っていて、お得ですという形だ。お得セット売りみたいなものである。

テレビ局にしてみると、不人気ネタばかりが売れ残ると困るということなのだ。

主にこの3つの型となる。

放送しながらお客さんなどの反応を見て、放送する時間枠を探っていき、自社の黄金パターンを決めたらよいと思う。

このスポットは何日間で何本流すという設定は自由にできる。

この番組がよいとか、この番組はいらないから、こっちに移動して欲しいなど好みを伝えると、可能な限り変更してもらえる。

考査には2種類ある

ＣＭを放送するためには様々な段取りがあるが、中でも一番の難関が考査だ。

しかし、テレビ局による考査があるからこそ、安心な会社ということが言えるのである。

この考査には２種類ある。

１つは企業考査。

ＣＭを放送するにあたり、ふさわしい会社かどうかのチェックだ。

テレビ局に対して、会社の業務内容が分かるものを提出する。主には業種と業態がチェックされるのが、一般的な企業や団体はほとんど大丈夫。

放送できないのは、事件や事故があった場合だ。

例えば、食品会社が集団食中毒を起こしたとか、企業が大掛かりな脱税を行っていた、などの場合である。

集団食中毒の場合、規模と内容によってテレビ局の対応も様々だ。

脱税と言っても、額の大きさや内容によって様々なケースが考えられるが、これもテレビ局によってそれぞれの基準があって、対応がまちまちである。

食中毒の場合、保健所から営業停止処分などのペナルティーがある。しかし、この期間を終えて被害者との和解が済み、ある程度の期間が過ぎれば、放送が可能になる。いわゆるほとぼりが冷めるということだが、この期間を何日と解釈するのかも、テレビ局によって様々なのだ。

脱税に関しても、同様である。

通常の場合は、修正申告し追徴課税を支払うのだが、その修正申告自体を悪質とみるか、手違いとしてみるか、額の大きさと照らし合わせて、テレビ局は判断するのだ。

これもテレビ局によって基準は様々なのである。

もう1つは、CMの内容の考査だ。

表現において「絶対」とか「日本一」とかが引っかかります、絶対はないということだ。断定する表現はほぼ考査は通らない。日本一も、「安さ」「速さ」「サービス」など、何を持って日本一なのか、証明してくださいと回答が来る。

日本一、地域一番など、一番を表現する際には、必ず根拠が必要となる。

「安さ」なら他社が追従できないくらい安いことを、他店と比較して資料を提出する。家電量販店のように他店のチラシを持ってきてくださいとか、何かしら根拠を表現することだ。

「サービス」となると全く形がないものなので、これは証明することがとても難しい。せいぜい、笑顔でサービスというくらいまでの表現だろうか。

逆を言えば、何かしら一番があれば、利用できるとも言えるので、日本一といえることを探すのも一考だ。

内容の考査が特に厳しいのは、健康食品や医療系である。

健康食品の場合、「効く」とも言えず、身体にやさしいなどとあいまいな表現になっている。最近は、購入者からのクレームが消費者庁だけでなくテレビ局にも届くため、特に厳しくなった。

「血液サラサラ」という表現は以前は使えたが、今ではＮＧワードになっている。

現状としては、商品名と入っている成分しか言えないイメージ広告になっている。

考査は健康増進法、薬事法、食品衛生法など各種法令に照らし合わせて、抵触していないのか、違反していないかチェックしている。

この考査のことが分かっていない広告代理店に発注すると、時間とお金ばかりが掛かりとんでもない結果となる。そういったこともあり、売り上げ上位３社の意味があり、慣れているベテランに頼むのが早道なのだ。

［ＣＭ必勝の５か条］

この本と前作を執筆するにあたり弊社の取引先に限らず、ＣＭ放送で成功している会社を相当数、取材した。その中で見えてきたことがある。

成功への道、成功のパターンである。

５カ条にまとめてみた。

●とにかく長く、継続すること

一度に大きな金額を出稿しないで、細く長く放送すること。

まずは、身の丈にあった額で、無理なく継続できることを優先すると成功する。

反応を見ながら、売り上げが上がってきたり、問い合わせが増えてきたら、投入額を上げていくのが成功パターンだ。

●同じ枠で放送すること

時間帯を固定せず、毎度、いろんな時間帯で様子を見るのも1つの方法である。

しかし、今まで取材したケースでは、固定したほうが良い結果につながっている。

それは視聴者の視聴パターンは生活のリズムに同期しているからだ。

同じ時間に放送することによって、特定の方たちに繰り返し見てもらうことになり、情報が届くことになる。

●明るく楽しい内容

賑やかで派手な内容の方が、視聴者に受ける傾向にある。

簡単には行けない海外旅行でも、番組では見ることができるなど、テレビは非日常の体験場なのだ。

ＣＭは派手で賑やかにして、非日常の空間にしていた方が、伝わりやすいと考えられる。

●人間が出てくる内容

モノだけの映像や、自然だけの映像で構成されたものよりも、人間が登場する内容のほうが伝わりやすいのだ。人間は笑顔に癒される生き物だからだと思われる。

笑顔があるＣＭはそれだけで十分なコンテンツになり得るのだ。

●耳に残る音楽

チラシや新聞など静止画には、できないことがこの音楽である。

ＣＭは音楽が記憶に残り、思わず口ずさんでしまうこともある。

音楽と動画が一体となって伝わることが、ＣＭのダイナミズムだと思う。

視聴率はどうやって計測しているのか

視聴率はどうやって測っているのですか？　といろんな方に聞かれる。

答えは、ビデオリサーチという会社が計測している。

簡単に説明すると、家庭のテレビに計測器がつけられている。

このテレビが今、何チャンネルを見ているのか、随時、データを集計してまとめた結果が視聴率だ。一般家庭のテレビは、視聴率には全く反映されない。

その計測器だが、どれだけの設置台数かというと、東京、名古屋、大阪の大都市圏は1都市あたり600台。その他の政令指定都市で200台となっている。

たったそれだけと思われる方も、多いと思う。

しかし、統計学的にはこの数でも問題が無いということなのだ。

しかし、このビデオリサーチ1社からの情報だけで、業界全体が一喜一憂するというのは、ちょっと異常事態である。

この1社が寡占している状況、独占禁止法に触れるのではないかと思われる。以前は、ニールセンという会社があったのだが、不採算を理由に日本から撤退してしまった。結果、1社の独占企業になったワケである。

地デジ化になり、テレビは携帯電話やスマホ、カーナビでも見られ、場所を選ばなくなった。家にあるテレビだけの計測方法が本当に正しいのか、議論されることも度々ある。

しかし、広告代理店業的にみると視聴率が全く数値化されていないと効果の説明に困るので、やっぱり1社でもあった方が営業がしやすい。

本当に難しい問題だと思う。

テレビ局の半分は赤字と言われている

現在、テレビ局の半数が赤字と言われている。そのほとんどは地方局だ。

地デジ化での高額な投資、視聴率低下による広告費の低下などが原因と言われている。
その結果、ＣＭは以前に比べ、低価格になった。
皆さんのような企業にとっても、私たち広告代理店にとっても良いことだ。
では、赤字のテレビ局は何をやっているのか。
一番、不思議なのは、自社のＣＭを積極的に売りたいと考えていないことだ。
その証拠。
「うちの局でＣＭ流しませんか？」という自社ＣＭって、私は見たことがない。
どうしてそういうＣＭを流さないのか、局員に聞いてみた。
「自社にＣＭをやりたいという企業から、直接電話が入ると困るから」と言う。
なんとも、不思議な回答である。

さて、このテレビ局の中で、今、何が起きているのか、ＣＭはこの先どうなっていくのか。次の章では、ローカル局の営業マンに集まっていただいた座談会の様子をお伝えしたいと思う。

ケース2

アイシン精機株式会社

設　立　1965年8月
本　社　愛知県刈谷市
社員数　約14,000人（連結子会社含約100,000人）
代　表　取締役社長　伊原保守《いはらやすもり》

アイシン精機はトヨタグループを代表する精密機械のメーカーです。

今では自動車のトランスミッションやブレーキなどの生産で、自動車部品メーカーのイメージが強くありますが、実はミシンも創業事業の一つです。今回紹介するベッド事業は1966年にスタートしています。

時代とともに求められるものを忠実に作ってきたメーカー・アイシン精機。

1本のCMが老舗機械メーカーの社員を1つにまとめるだけの力を持っていたとい

うのですが……。

■インタビュー

花井博章さん

アイシン精機 L＆E商品本部 住空間営業部企画・管理グループ
販促企画チーム チームリーダー

今までは、店頭販促がメインでした

アイシン精機の中でも住空間営業部という部署が、ベッドやミシンといった、エンドユーザーに直接働きかけが必要な商品を扱っています。

アイシンさんベッドもやってるの？という声もありますね。

前身はトヨタベッドという名前でやっていました。アスリープというブランドに変えたのが10年前くらいなので、まだまだ、認知度が高いわけではないんです。

１９６６年からベッドを作っているので50年くらいの歴史がありますが、私たちの広告宣伝活動というのはどちらかというとお取引店様の売り場でどう見せるかが主体で、店頭販促がメインだったんです。あくまでも店頭でどう売ってもらうかに主軸を置いて、マスへの働きかけは正直なところあまり出来ていなかった。

新社長が「こんないい素材があるのに何で売れてないんだ」

2015年6月に新社長になって、この会社全体を見わたした時に、割と規模が小さいんだけども、長くやっている事業というのがミシンとベッドの事業で、この2つに対して、社長が今後どうして行きたいんだと問いかけをされたんですね。ベッド事業部に対しては、こんなにいい素材があるのに、何で売れてないんだと。それはお客様に知られていないからです。じゃあ、知らせろ、と。

当然我々も売り上げを拡大したいなどと考えていたのですけども、1つだけ集中して何がやりたいか言ってみろと言われた時に、役員や部門長も含めて関係者でいろいろ考えて、じゃあ、思い切った広告をさせてください、テレビCMをやらせてくださいというお願いをしました。自分たちの事業規模を考えて、テレビＣＭなんてとんでもないって考えていたんですね。今ベッド事業に携わる人間は１００人くらいで、規模は小さいです。アイシン精機全体では1万人以上いますので。だけど我々自身はこのファインレボマットレスについてたいへん良いを商品だと思っていまして、２００６年から販売しているのですが、お客様にアンケートを取ってみても満足度が高いんです。90パーセントを超える満足度があります。お取引店様のスタッフにお聞きしても、自分たちの直営店で接客したりする時も、皆さん非常に喜んでいただけているので、これをマスメディアに載せられたらもっともっと売れるんじゃないかというのはどこかにずっと持っていたんです。

直営ギャラリーの来店者数が1・5倍、ファインレボの販売が大幅アップ

初めてＣＭを流したのが２０１６年の2月からです。都市圏を中心にお取引店様が所在するエリアに重点を置いて放映しました。

今まで店頭でしかアピールできていなかったので、なんだこの素材、こんな素材のベッドがあったのかというお客様の驚きの声がすごくありました。

今まで僕らも店頭でお客様が「わーすごい」とその場で驚いてもらっていたのが、「あ、CMのだ」という反応がすごく多くなった。

特に中部地区は我々のギャラリーが名古屋の大須にあるんですが、今までそんなことはなかったんですが、オープン前にギャラリーの外に人が待ってたり、ふらっと入って来る方がいる。今まではある程度調べられて、体感できる所はどこですかという問い合わせがあって、ギャラリーに誘導した方が多かったんですが、「あ、アスリープだ」と言って入って来る方がいたりなど、ギャラリーの来館者数は1・5倍以上になりました。

CMに合わせてアスリープマンという特徴的なキャラクターを作ったのですが、家具店でも、あれをお子さんたちが見て、「あ、アスリープだ」と言ってもらったりなど、接客がやりやすくなったと言ってますね。

なぜかと言うと今までの接客では、ファインレボという素材を売るために、最初は我々からお客様に「触って見てください」とお誘いするところから始まってたんです。つまり我々から引きに行かなきゃいけなかったんですよ。お客様を。でも、このCMをやったことでお客様の方からこれアスリープでしょ、と言ってきてもらえるようになったので、家具店のスタッフからも商談がしやすくなったと言われますね。

ファインレボマットレスの販売も公表はしていないんですけど、伸びていますね。

CMで社内が団結

社内的には、社長がこの件に関して会社を元気にする事例として紹介したいという思いがあるものですから、社内報2016年新年号の、社長の年頭挨拶で「今アスリープはこういう事に取り組もうとしていると。これからCMを打つし、アスリープのメンバーがこれから頑張ろうとしているよ」と宣伝してくれたんです。今ではアイシングループ13社も含めて、全社員の名刺の裏がアスリープの広告になっているんですよ。社長も含めて。全社を挙げてアスリープを応援しようとしてくれているんです。

例えば情報システム部が、外部との会議で紹介してあげるよ、とか、経理部が地域の株主にアスリープを紹介してあげるよとか、自動車部品のサプライヤーが集まるイベントがあるのでそこで紹介してあげるよとか。社内で今まで全然関係なかった部署が主催する会議だとか、イベントだとかにアスリープのベッドを展示してチラシをそこで配ったらどう？みたいな提案がばんばん入ってくるようになって。

あそこ頑張ってるから応援しようみたいになってますね。

ベッドの宣伝文句は似通っている

ベッドの業界の宣伝文句って、わりとみんな似通ってるんですよ。我々が広告宣伝活動をやっていこうと思った時に、当然のことながら他に埋もれない広告を考えるわけじゃないですか。他を見渡した時にベッドもしくは寝具のＣＭを並べてみると、ほとんどみんな「寝心地がいいですよ、気持ちいいですよ」、みたいになるんです。そうすると結局みんな言ってることが一緒になるんですよ。

ユーザーからしてみると、何がいいのか、みんな寝心地がいいって言ってるから結局自分で試してみるしかなくなってしまう。

じゃあ我々の強みをもう一回振り返ろうよってなった時に、我々の強みは明確で、このファインレボという素材が我々唯一無二の素材で、ここが我々の強みでしょってなった時に、でもこれを寝心地って言葉で終わらせたくないよねということがあって、その時着目したのがこの素材の復元性。もともとこのCMをやる前から我々の間では、この素材の復元性については面白いと認識していたんです。これをもうちょっとユーザーにインパクトある感じで伝えたいよねということになって、じゃ、これってどれくらいの耐久性なんだろう、年数で言えたら結構インパクトあるよねと。

10年相当は持つことは前からわかってたんです。最近は他社でも10年耐久という製品もあるから、これをもっと突き抜けて30年って言えないかなと技術部で評価してみたんですね。

48万回叩く。半分のつぶれのところまで叩くという試験を48万回やったんです。そしたら高さに関しては最初と0ミリの違いだった、つまり変化がない状態だったので、これは30年耐久素材ファインレボっていうことで押しましょうと、このコピーが決まったんです。

30年耐久素材をもっとも端的にCMで使っていきたいとなったときに、これはどれだけ戻るか挑戦するべきでしょうということになって。ただ最初からあまり奇をてらったことをやってもブランドイメージとして良くないので、1作目のアスリープマンを前面に出したCMでは、これは家族の気持ちいい眠りにつながる素材ですよというイメージを作っておいて、同時並行で日本最速の240キロで投げられるピッチングマシーンでファインレボを投げて、的に当たって潰れるけどすぐに形が戻るというウェブ動画を作ったんですね。

そしたらその240キロの方がYouTubeで120万回以上の再生がされて、すごく評判が良かったものですから、みんなこの再現性について興味持つんだね、という事で2回目以降のCMは再現性を重視しましょうという事になったんです。

アイシンの企業風土というか、挑戦しているとか、面白いことをやっている会社だ

CASE - 2

という雰囲気は出したかったので、ただ単純に実験してみただけじゃなくて、場所はお寺で、でもバックに流れているのはカンツォーネでみたいなそういうちょっとシュールな雰囲気を作って、おっと思ってもらうのと、面白い会社だと思ってもらうのと、全体的に高級感を出すことを意識して作りました。

荘厳なお寺の雰囲気にもこだわったのですが、お寺なので檀家の了解がいるなど、いろいろ制約があってたいへんでした。

ＣＭを作るに当たって、戸惑いがなか

ったと言ったらウソになります。アイシン精機という規模とその歴史を考えると、CMくらいやったことあるでしょって思われるかもしれないですけど。実際は広報部の作る企業CMはありますけど、エンドユーザーに向けた大々的なCMはあまりやったことがないわけですから、手探りですよね。でも、結果も出ているし、皆さんがこうやって応援をしてくれているので、すごくやりがいはありますよ。これから、もっともっと、アスリープのファインレボを皆さんに知ってもらうために、CMだけじゃなくて、新しい挑戦をしていきたいと思っています。

第3章

ローカルCMの現状と可能性

「ローカル局は経営が厳しい」と、近年よく耳にする。

また、スポンサーの出入りが多いのも、ローカル局の特徴である。やめるＣＭがあるから、新規のＣＭが入るのだ。

さらに、ローカル局は、特にゴールデンタイムなどはキー局から番組にＣＭがくっついて来たりするので、人気番組枠が自由に販売できなかったりする。

ローカル局の営業マンたちは、現状をどのように考え、将来の生き残り手段として、どんなビジョンを描いているのか、ＣＭに対してどう考えているのか。

４人のローカル局の営業マンに語って

いただいた。

　発言がバレると当人の出世に響く可能性があるので、全員、お面を付けてもらった（笑）

テレビ局座談会

ローカル局の現状と、東京キー局との関係性

宮崎　今日は、各局のみなさんにお集まりいただきまして、ありがとうございます。私からの招集ということで、発注が減るとか、キャンセルとか、何かあるのではないかと勘ぐった方もいらっしゃると思いますが、何もありませんのでご安心ください（笑）
　今回は、ＣＭにまつわる現状と今後について、ぶっちゃけ話をしていただきたいと思います。

ローカル局は以前から厳しいと言われていますが、皆さんのところはどうですか。

Mさん　そうでもないですよ。比較的いい感じです。

昨年は「電力自由化」があって、関連するＣＭがドンと増えましたから。２Ｋにかわり、テレビは４Ｋなど新型が出たことも、大きかったですね。

そういった、何かしらの変化があるとＣＭも増えます。

Tさん　２０２０年の東京オリンピックといった大きなイベント時には、技術革新がたいていありますから、そこも期待しています。

また、貿易黒字が続いて製造業を中心に経済が好調であることも大きいですね。東海エリアも景気がいいのでＣＭも全体的にいいんです。

Sさん　最近は、テレビショッピングやパチンコといったＣＭもたくさん出ています。昼間や深夜が中心ですが、それが安定した収入につながっていますね。

うちではありがたいことに、お断りするケースもあったくらいの人気です。どうしても、ＣＭのスポット枠は数に限りがありますから売りたくても、売れないといった悩みもあります。

特に最近は、人気番組は番組と番組の間にＣＭを入れなくて、直接、番組が繋がっているケースも増えているので、枠が少なくて苦労してます。

Tさん　それは日テレ系の贅沢な話ですよ。視聴率のいい番組がたくさんあって。日本テレビ系列は強いですよね。何もしなければ、今は日テレ系に全部もっていかれてしまいます。

Nさん　そうだよね。「うちの局のこの番組は、若い女性に人気がありますよ」などとアピールしないと、自社のCM枠が埋まらない。だから、営業と提案が大事なんです。

Mさん　テレビCM枠は、広告代理店だけでなく、テレビ局の営業も売っていますが、広告代理店はテレビCM以外の媒体も売ることができる。CMの枠をすべて売ることを目標に、「テレビの訴求力は強いですよ」と、テレビ局の営業が直接スポンサーにアピールするんです。

Sさん　都心部が中心だった大手の広告代理店が、今はローカルでも営業し始めていますね。その様子も見ながらの営業となりますね。

Tさん　以前は番組内でスポンサーの商品を堂々と使うこともありましたが、今はあまりないですね。CMを入れるサービスとしては、地元の情報番組で数回扱うくらいかな。業種などにもよりますが。

Sさん ローカルでは、地元の情報番組を中心に自社制作もしていますが、どんなに頑張っても、結局は東京のキー局が作る番組で人気を判断されたり、評価されたりします。番組のほとんどがキー局から送られてくるから、キー局次第というところが大きいですね。

Nさん 系列局といっても、それぞれが別会社。でもキー局の番組によって売り上げは左右される。

ローカルで売れるCM枠も値段もだいたい決まっているから、ローカル局の売り上げ限度は決まってるんです。

Mさん テレビCMの枠のしくみは、ホテルに例えるとわかりやすい。

ホテルの客室が100室であれば、100室分しか売ることはできない。そこにお客が120名来れば、オーバーした20名は断るしかないんです。20名は別のホテルに行くか、諦めるということになる。

逆に、100室すべてが埋まらないこともありますしね。

Tさん 人気があれば、1室5千円が6千円とか7千円と上がっていく。上得意のお客さんには、1室4千円で売ることもあります。人気がないと、値下げして売るということがありますね。

部屋が空いていても「いらない」ということもありますし。選ぶのはお客さんですから。

いずれにしても、決まった数、枠の中で営業しているわけです。

Mさん　ホテルと違うのは、新規参入がないことかな。

各エリアで、今あるローカル局が競合している状態だけど、名古屋や福岡は5局、他のローカルはだいたい4局だけれど、もうこれ以上は増えない。（※1）

また、CM単価は放送エリアに住んでいる人口比率で変わるから、ローカルなほど単価が安い。

さらに、長野とかは山だらけだから全世帯に電波を飛ばすために、各地に基地局が必要になるので設備投資にお金がかかる。北海道も広いから経費がかかる。設備投資はローカルでもキー局でも一定量がかかる。設備投資コストがかかる割に、単価は低いので経営は厳しいですね。

宮崎　もともと、一県にテレビ局が3つも4つもあることが不思議。

長崎とか熊本とかもあんな狭いエリアに4局もあるから、どうやって経営しているのか、ホント不思議です。

視聴率は信用できるのか？

宮崎　視聴率については、どのように考えていますか。現在の調査会社はビデオリサーチ1社のみですね。

ビデオリサーチは家庭のテレビを主に計測しているけど、実際はスマホやパソコンでテレビを観る人もいる。さらには、カーナビだってテレビが観られます。ちょっと信憑性が低い気もしますが。

Nさん　確かにそうですね。今は、録画で観る人も多いから、録画も視聴率の調査でカウントし始めたそうだけど、出来るのかな。

Tさん　でも、録画はCMを飛ばして観る人が多いから、CMの効果測定に使えるかな？　一部のエリアでは、アンケート調査もしていますが、曖昧な点も多くてよく分からないですね。

Nさん　どうやって調べているのか分からないけど、視聴率を計る機械を置いた家庭に、テレビ局や広告代理店があいさつに行くという話もありますよ（笑）それだけ、視聴率が欲しいわけ。

でも、それがうっとうしいから断った家庭もあるって聞きますね。

Tさん　それがホントなら、数字が取れるから売り上げに直結しちゃう。信憑性も揺らぐよね。

Sさん　「20％越えの番組を作ったら、ハワイ旅行をプレゼントする」って本気で言われたこともありますよ。それくらい欲しいんですよね、視聴率。

宮崎　以前、日テレでしたが、プロデューサーがビデオリサーチの車の後をつけて、視聴率の計測器が付いている家を特定して、その家に金品を届けたという事件がありました。あいさつだけなら事件にはならないのに。番組を一生懸命作っても視聴率が上がらないから、究極の選択をしたワケだよね。ある意味、仕事熱心な良いプロデューサーだと私は思う。一生懸命仕事をする方法を間違えただけだから（笑）（※2）

Mさん　視聴率はCMを売るための基準。いろいろ言われますが、結局、それがないと物差しが無くなって売れないんです。

それよりも、ずっとテレビ離れと言われているので、もっとテレビを観てもらう努力をしないと。

Tさん 10数年前に騒動になった、多摩川に迷い込んだアザラシの「タマちゃん」。あれは、日本中が注目して昼間の平均視聴率が2％上がりました。

某代理店がアザラシを連れてきて、放流したとか、しないとか、まことしやかなウワサが流れました。

視聴率アップとしては、成功した例です（笑）

Nさん アクシデントがあると視聴率は上がるよね。町中にサルが出たとか、店にイノシシが現れたとか。海岸にクジラとかが打ち上げられると「来たー！」と。現場は色めき立ちますね。

騒動くらいだと、面白くて視聴率が上がるけど、最近の熊騒動となるとマジすぎて逆に引きますね。

宮崎 そういえば、放送事故で「しばらくお待ちください」の画面になると視聴率が上がるよね。要は視聴者は作られた映像、予定調和なものより、ハプニングを観たいのでしょう。

地上デジタル放送になって、放送事故は減りましたね。昔、私が子供頃って画面に、事故でカラーバーが出てること良くあった気がする。

Mさん　以前、雷が落ちて浜松エリアが全局、放送が落ちてしまったことがあります。その時は大注目でしたね。まぁ、視聴率アップをハプニングに頼るわけにはいきませんけど。

宮崎　自然災害は仕方ないですね。

今後のテレビ局の立ち位置と、CMの存在価値

宮崎　今はテレビだけじゃなく、ネットでも番組を観られるじゃないですか。総務省は2020年の東京オリンピックまでに、放送をそのままネットでも観られるようにすると発表しました。（※3）

その辺は、どう考えていますか？

Nさん　10年ほど前に「テレビはネットに潰される」とよく言われたけど、結局はまだ生き残っている。この先もずっとあるんじゃないかな。

新聞だって、ラジオだってまだありますよね。ただ、生き残るためには、テレビはもっとネットの活用法を考えないとダメだと思います。

Mさん　ネットは検索しないと観られない。でも、テレビはつけていれば、勝手に情報が流れてくる。そこが大きな違い。入り口のメディアとして「あり」とジャッジされていると思います。

結局、スポンサーがテレビか新聞、ネットとどこにマス広告を入れるか選ぶってことですけど、テレビには60年以上の歴史があって、ある程度、信頼されていますから、まだまだ大丈夫だと思います。

宮崎　ネットのユーザーは若い人たちが多いですね、だからそんなにテレビに偏重していないですよね。

一発で多くの人に情報を届けられるのは、テレビ以外、今のところないです。

Sさん　若い人はもっと冷静にテレビを観ていて、そんなに鵜呑みにしてないところはありますね。グルメ情報などは「美味しそうだな」と単純に思うけど、報道ネタやニュースは「編集されているよね、この情報は一部だけだよね」と思っているらしいですね。

Tさん　ＣＭに関しては、放送するか否かを決めるために会社とＣＭの審査をするので、審査がゆるい雑誌とか、チラシとかとは違いますけどね。だから、テレビＣＭを出すとある程度の信頼につながります。
　テレビの信頼はそういうところにも、あると思いますよ。
Mさん　ＣＭの価値を落とさないことが重要で、審査はホームページの内容の真偽も含めている。テレビで「本家、元祖、日本一」、「金運が上がる」などはＮＧ。ホームページもチェックして、そういったワードがあれば審査は落ちる。今は、ＣＭがホームページへ誘導する役割もありますから。
Nさん　それと、例えば年配の人に人気の番組には、オムツなどの介護用品や葬祭場といったＣＭはなるべく入れないといった配慮はあります。
宮崎　そうして、テレビ局の社会的な立場を担保しているのは、理解できます。でも、あんまりちゃんとしすぎても、つまらないと思う。今は、すぐクレームが入り、そのクレームもネットに書かれたりするから気を使いすぎてつまらないですよね。
Tさん　昔は、例えばプロレス中継で、パフォーマンスの後にＣＭスポンサーの掃除機を使ってＰＲすることもありました。さりげなく、でも堂々と、かな？（笑）また、健康を扱う番組が人気になると、スーパーから納豆やヨーグルトがなくなるという現象が起きていました。

今は、そういった番組やCM、広報活動は少ないですね。

宮崎　テレビ局は、スポンサーに対して情報公開をしていないですよね。CMの効果はどうだったとか、そういった数値とか結果は教えてくれません。

Tさん　数値が取れると説得材料になるし、責任を果たすことにもなると思います。でも、同時にチラシや新聞など広告活動しているケースが多いので、CM単体での効果を計ることが、なかなか難しいんです。

Mさん　インターネットで調査しても、ネットで収集できるのは若い人が中心となって偏ってしまう。男女比や幅広い年齢層を考えた不特定多数の集計を取ること自体が難しいですね。

ローカル局の生き残り策と、ローカルCMの可能性

宮崎　今後、ローカル局が生き残るにはどうしたらいいと思いますか。

Mさん　番組の制作を強化することです。ローカルなネタを深掘りしたり、自然が豊かな場所だった、山岳カメラマンを使ってうちしか撮れない映像を撮るとかして、動画やCMを作って売る。

いい作品を作ってキー局に売れるようになれたらいいと思う。

独自性を出すことが生き残りだと思いますね。

Tさん　ローカルでできることは限られていますが、逆に東京ではできないこともたくさんありますよね。

Sさん　視聴者に対して、どうやって生放送、ライブで勝負するかではないでしょうか。ローカルの強みは、東京以外の現場に近いことですから。

事が起きるたびに東京から中継車が走っても事が終わってしまうわけで。

現場からの映像、が勝負かなと思います。

Nさん　ちょっと難しいけど、キー局からの分配金を多くしてもらう方法もあります。（※4）

宮崎　ネットでキー局が番組の配信を増やすと、ローカル局の番組を観なくなる可能性がありますよね。そうすると、分配金って成立しなくないですか？

Nさん　がんばって地域での視聴率を上げることですよね。

ネットが普及しても、家でテレビを観るという習慣はなくならないし、テレビそのものはまだリビングにあるワケだから、やり方次第ではないかと思うんです。

宮崎　まだまだ過去の成功体験が忘れられないですね（笑）

＊＊＊

宮崎　では、最後に。どうすれば、ローカルＣＭで成功できますか？

Nさん　企業には、「ＣＭをやれば売れるだろう」という幻想があるんですよね。ＣＭは、視聴者の記憶に残すしかない。よほどインパクトがあるか、ＣＭの本数を増やして見る機会を増やすか。認知してもらうには長く続けるしかないんです。これが一番です。

Sさん　確かにそう思います。静岡のパチンコ屋さんのＣＭで「コンコルゲン」というのがあるんです。静岡県民なら「略してコンコルゲン♪」と歌えるくらい、誰もが知っています。それくらい、刷り込み効果は大きいですね。

Nさん　食パンの会社は、若い人が観る番組にあえてＣＭを入れている。若い人はあまり食パンを買わない。今は若いけど、そのうちに主婦になります。そうしたら、スーパーで食パンを買うようになる。つまり未来の購入者に対してCMを入れているんです。

Sさん　今の時代ならSNSで話題にして拡散するという方法もありますよ。インパクトがあれば、それもできる。CMはきっかけなので、それを足がかりにチャンスを作りましょうと。

Tさん　「CMをやる勇気と、やり抜く決意」が必要かな。中途半端ならやらない方がいいかも。目的をもってやらないと、なかなか難しいでしょう。

季節商品などを売りたいなら、バイヤーにも「何をどう売り出すのか」を考えてもらう方法もあります。チラシ代をCMに充てる感覚でバイヤーに一任して成功した例もありますよ。

Mさん　例えば、長野ではこんなケースがあって。長野って「東洋のスイス」って言われてるでしょ。

Sさん　そうなんですか？

Mさん　そうそう。時計などの精密機械で有名だから「東洋のスイス」。

Sさん　あぁ、愛知県安城市の「日本のデンマーク」みたいな。

Mさん　そんな感じ。そこで、小さな精密工場を中心に5社が集まって、共同でリクルーティングのCMを作りました。1社あたりの負担は年間20万円。その効果で社員は辞めなくなったという成功した事例です。

Nさん　低予算でもできることがローカルCMの最大の良さ。利用の仕方次第だと思います。

宮崎　ローカルって東京よりは表現も含めて自由度が高いですよね。放送できる内容もそうだし、低予算でできるし。今日は、皆さんお話いただき、ありがとうございました。

（※1）テレビ局の開局は、放送法によって制限されていて、総務省の認可（免許）が必要となります。近年は、FMラジオの開局やコミュニティ放送の開局はありますが、民放テレビ局の開局はありません。

（※2）今は視聴率の好調な日本テレビですが、以前はフジテレビの方が優勢でした。そんな頃である2003年、日本テレビのプロデューサーが興信所を使って視聴率のモニターが置かれている家庭を割り出し、金品を渡して逮捕された事件が起きました。当時は、「何が何でも数字を取ろう」という空気が強かっただろうと容易に想像できます。

（※3）総務省は、2020年の東京オリンピックまでに、テレビ放送をネットで同時に配信する「ネット同時配信」を全面解禁すると発表。近年は、海外の動画配信サービス大手が相次いで日本に参入し、若い世代を中心にネット動画を観る人が急増しています。民放の各局は反対しているそうですが、時代の流れですね。

（※4）ローカルの系列局は、時間枠をキー局に売って「分配金」を受け取り、全国ネットの番組を放送しています。つまりキー局から「分配金」をもらって成り立っているのが地方のテレビ局。局にもよるけど、東京のキー局からの分配金が売り上げに占める割合は30％くらいかな。

テレビCMやインターネット、新聞・雑誌、交通広告といった広告戦略の立案をトータルにサポートしたり、テレビCMなどのマス広告において広告の効果を測定するといったサービスを提供している、株式会社テムズ。

ここでは、ローカルCMにスポットを当てたサイト「ぐろーかるCM研究所」を立ち上げて運営している。

全国ネットを中心に活躍する「広告のプロ」から見るローカルCMとは何か、成功の秘訣や未来はあるのか。

さまざまな視点からお話をうかがった。

株式会社 テムズ

創　業　1990年（平成2年）
資本金　1000万円
代表者　代表取締役　鷹野義昭

社員数　6名
本　社　東京都文京区本郷1-25-5
事業内容　広告戦略策定
TVCM効果測定
リサーチ&コンサルティング
ぐろーかるCM研究所の運営

■インタビュー

鷹野義昭氏

株式会社テムズ　代表取締役

テレビCMの現状と、ローカルCM

テレビCMで失敗するおおかたの理由は「とりあえずやってみよう」という安易な

感覚。「とりあえず」でもいいんだけど、その先の目的があるのか、戦略があるのか。その上で勇気をもって「やってみる」ならいいんですけどね。

それは中央（＝東京キー局）でも、ローカルでも同じ。戦略がないままだと、自己満足で終わってしまいます。

特に、地方では「ＣＭをやっている」というステイタスや、「ＣＭ見たよ」という耳障りのいい情報だけで判断しちゃっている側面もありますね。

傾向として、テレビＣＭのトレンド力が落ちているのは間違いない。クロスメディアが広がっていて、ＣＭ効果は下がっています。大量のＣＭを流して、以前は70％あった認知度が、同じＣＭ量でも今は55～60％程度。みんなの情報の収集先が分散しているんです。

効果が落ちているのに、中央のＣＭ枠の値段は下がらないんですよね。おかしな話だけれども、まかり通るのがこの業界。地方がいい点は、ＣＭ枠の料金が安いこと。しかも、「お知り合い値段」とか「枠が空いてるからまとめて」という話になっちゃうこともある。

そこをどう捉えて、どう活用するのかが大切なポイントになってくるでしょう。

テレビCMの効果測定とは

どのくらいの量のテレビＣＭを投下して、どの程度の効果があるのかといった費用対効果、つまり効果測定はようやく大手企業も本気で考え始めています。

私自身は、既に30年ほど前からスポンサーの依頼を受けて、ＣＭ効果の「しきい値」を調査してきました。「予算をかけるべきところにかけたい、とはいえメイン商品のＣＭはやめられない。どれだけ減らすとマイナスの影響が出てしまうのか知りたい」というわけです。

30年前でも、その担当者はしっかりしていて、広告代理店に任せたくないと。広告代理店は効果測定のシステムを持っていたのですが、たいていは広告を増やすことで、良い数字がドンドン出てきちゃう。だから、別ルートで分析したいと依頼がきたんです。

中央には今では、こうしたデータの蓄積や分析が多少はあるけど、これを地方に当てはめることは難しい。「こうすればいい」という基準がほとんどない。だから「効果があるかどうかわからない」といった不安要素も大きくなるんです。

ローカルCMを戦略的に使う大手も出始めている

今までは全国ネットでCMを流していたところも、今は戦略的にローカルCMを放送する企業が出てきています。

関東エリアは、価格が下がらない。高いし、ターゲットによってはムダが多くなる。だったら、例えばターゲットを含む割合が多い福岡に、最初にローカルCMを流す。その反応を見て順次別のエリアで放送する、といった動きも出てきているんです。

ローカルは、比較的CM枠の料金が安く、反応次第ではコストパフォーマンスもいい。エリアによっては県単位でCMを流せるから、ムダも減らせます。

これは大きなメリットですね。エリア次第では、チラシよりCMの方が安いこともあります。

ローカルならエリア別でコントロールできるし、やり方次第ではローカルのトップブランドになれる可能性もあるのです。

CMは万能ではない

なんだかんだ言っても、到達できる上限値が最も高いのがテレビCMです。「テレビを見ない人が増えた」といっても、テレビはリビング等で、つけっぱなしになっている。朝は時計代わり、夜はBGM代わりだったり。家庭にテレビがなくなり始めたら考えないといけないけど、それはまだまだ先のことでしょう。

今、新規のスポンサーとしてゲーム会社が増えています。CMがたくさん出ていますがそれは、効果的だからです。その一方で、効果がなくてやめるスポンサーもいる。だからCM枠の空きができるんですが……。

ＣＭは万能ではありません。長さにして15秒か30秒。ここですべてを紹介できるはずがありません。

とくに、世の中にないまったく新しい商品を周知させるのは、難しいですね。「新しいものができたよ」までは届けられる。でも、そこから先の「どんなものなの？」までは伝えにくい、ＣＭだけでは売りにくいでしょうね。

だから、ＣＭとプラスして新聞や雑誌などの媒体だったり、インターネットの活用が必要となってきます。

例えば「プレーンヨーグルト」も、日本で初めて登場したときは、「こんな酸っぱいもの、誰も食べられない」と言われていました。

それまでは、甘く味付けしたヨーグルトが主流でしたから。それでも根気よくＣＭを始めとした様々な媒体で広告活動と啓蒙活動を続けて、今では「プレーンヨーグルトは当たり前」となっています。諦めちゃいけない。根気が必要です。

ローカルの魅力とは

ローカルCMって、おもしろいものが多いんです。ローカルCM大賞を見ても、注目すべきものがある。タレントに頼らず、アイデア勝負で低予算で作っちゃってるんだよね。こうしたタレントありきではなく、アイデアありきがCMの原点だと思うんです。

アイデアありきのインパクト勝負、それを東京でできるかというと、難しい。東京キー局では考査が厳しく、攻めている角《かど》があるCMは考査で落とされてしまいます。ローカルは、ちょっとゆるい。そのゆるさがいいんです。東京はがんじがらめで、少しでもクレームがきたらすぐにやめてしまう。クレームがきそうなCMは作れない。それが、最近の全国ネットのCMはつまらないと言われてしまう一因です。

ローカルCMは予算の縛りが強い、そこがおもしろさをより強く出していると思います。こうしたローカルの良さを「ぐろーかるCM研究所」のウェブサイトで、全国に知らしめていきたいと思っています。

いずれにしても、CMで成功を得るには、放送するエリアの中でターゲット層が何％なのか、ターゲットが見る時間帯は、といったマーケティング戦略が必要です。

地方によって生活パターンはまちまちで、例えば青森県は冬と夏とでは、傾向がまったく違います。冬は昼間でも家の中にいる率が高くなるんです。ターゲット層の行動や生活を想定し、そこを狙うことが重要です。

もし思うような結果が出なくても、戦略さえもっていれば、失敗の原因を分析できます。そして次の手を打つ。戦略がないと対策も考えられませんからね。そうやって徐々にブラッシュアップして結果を導き出していくことが重要でしょう。

ケース
3

越後製菓株式会社

創　業　1947年（昭和22年）
設　立　1957年（昭和32年）
本　社　新潟県長岡市
資本金　2億3，400万円
社員数　800人
代　表　代表取締役　山﨑彬　星野一郎
事業内容　餅類、米菓、米飯、麺類、惣菜類の製造

創業は昭和22年。
戦後間もなく、地元・新潟県の小千谷そばに着目、蕎麦などを製造する製麺業とし

てスタートした越後製菓。

「正解は越後製菓」というキャッチフレーズのテレビCMによって、お餅や鏡餅のイメージが強いが、「ふんわり名人」といった米菓やパックご飯などを製造する食品メーカーとして成長してきた会社だ。

一貫して同じキャラクターを使用し、イメージの定着を図ってきた同社。どのようにキャッチフレーズが生まれ、CMはどんな役割を果たしているのかを伺った。

■インタビュー

山谷浩隆さん
越後製菓株式会社　営業管理部　課長

商品化が出遅れ、テレビCMで営業力をカバー

弊社がＣＭを打ちはじめたのは１９９９年から。もう20年近く経ちます。

クイズの早押しボタンをピンポーンと押し、俳優の高橋英樹さんが扮する「越後侍」が、「正解は越後製菓」と答えるＣＭは、全国的にもかなり認知されていると自負しています。もちろん、いきなり「ＣＭをやろう」としたのではなく、ここに至るまでに当社の歩みとともに、紆余曲折もありました。

ＣＭの影響で「越後製菓＝餅」のイメージがありますが、当社は製麺からスタートしていて、今でも地元の飲食店用を中心に生麺を製造しています。

その後、地元、新潟での米作りの発展に伴って米菓の製造に力を入れつつ、一方で小規模ながらお餅も作っていました。本格的に餅の製造に乗り出したのは昭和48年ごろです。

そのころはすでに、同規模の米菓や餅の食品メーカーがいくつかありましたので、後発での参入となりました。

今はブランド米も豊富で「米どころ」と言われる新潟ですが、昔は「新潟のお米はまずい」と言われた時代がありました。そこから県民が努力し、品種改良などを重ねて「魚沼産コシヒカリ」をはじめとしたお米のブランド化を図り、「米どころ新潟」となっていった経緯があります。

そこには、多くの人たちの相当な苦労と努力がありました。そんなお米が豊富に採れる新潟だからこそ、お米を中心とした商品展開ができたのです。

しかし、餅の製造は業界内では知られていましたが、消費者への知名度が低く、営業展開が厳しかった。そこで当時の営業部長が「テレビＣＭを打ちましょう」と言い出したんです。

社内には当然、反対意見もありましたが、営業部長がかなり力を入れて提案しました。その結果、当時の社長、現会長である山﨑が「よしやってみよう」と決断したんです。

ちなみに、当社には広報部がありません。当時も今も、営業部がＣＭをはじめとした広報部門を担当しています。

テレビ番組から生まれた、キャッチフレーズ

ＣＭは、当初から俳優の高橋英樹さんを起用し、全国ネットで展開しました。高橋英樹さんに依頼したのは、時代劇ドラマ「桃太郎侍」のイメージが強く残っていたことが大きいですね。当時はすでに桃太郎侍の放送は終了していたのですが、当社のターゲットとなる主婦層への訴求にぴったりではないかと。高橋さん自身が持っている、わかりやすいイメージに便乗したカタチです。

そうして、当時は米菓とお餅、鏡餅の３つの素材のＣＭを作って全国ネットで放送しました。でも、出稿する予算は限られているし、効果的な方法を知らなかったんですね。

「いつやってるの?」と、取引先の方などに聞かれるほど、あまり見られていませんでした。

当然、「じゃあ、どうするの?」となり、まず打ち出し方、見せ方を変えようとい

うことになりました。

ちょうどそのころ、高橋さんが人気のクイズ番組に出ていて、好感度が高まっていました。そこで今度は「あのイメージを取り込めないか」と。そこでテレビ番組にヒントを得て、高橋さん扮する越後侍が、ピンポーンと早押しボタンを押して「正解は越後製菓」と答えるスタイルが生まれたんです。今も続くこのスタイルは２０００年からスタート、「正解は越後製菓」が欠かせないキャッチフレーズとなっています。

今では、うちのＣＭは、「いつも流れている」というイメージを持つ人が多いようです。「たくさんＣＭを流していますね」とよく言われます。じつは、ＣＭ出稿量はそんなに多くないんですよね。

さらに、ＰＲする商品をひとつに絞ることにしました。なかでも一番売り出したい商品であり、採算を取りやすい「鏡餅」のみで作ることにしました。

次は、「ＣＭをどう打つか、どこで放送するか」です。

ＣＭの目的は、一般消費者に「越後製菓」の社名を知ってもらうことです。それなら、「クリスマスが終わってから正月まで、12月24日から30日の間に、ほぼすべての予算を使って集中してCMを流そう」ということになったんです。

短期集中で大量のCMを投下することで、たくさん目にすることになり、「いつも見ている」という印象を与えたようです。

現在も、年末に集中して放送する方法をとっています。「正解は越後製菓」が毎年、流れるのですから、印象に残るんでしょうね。

また、当時はクリスマスから正月まで、CMを出稿する企業は少なかったので価格が下がり、出稿金額を抑えることができたことも大きかったかな。テレビ局の方がとても喜んでくれたことを覚えています。今は価格が下がることはないでしょうけれど。

CMの放送は全国

放送エリアですが、今は、全国を対象にしています。

私たちのような食品メーカーにとってＣＭは、商品を置いてくれるスーパーやお店に営業交渉しやすくするという役割も担っています。やはり「お店に商品を並べてもらってなんぼ」ですから。ましてや、店内の限られたスペースの売り場を巡って、いろんな食品メーカーがせめぎあっている。

そんな中でテレビＣＭを放送していることで信頼を得ることができたり、「これは売れる商品ですから」と言えますからね。

いろんな媒体を勧められますが、熟慮した上で、やはり今はテレビＣＭは、訴求力が大きいと考えています。最終的に当社の商品を買ってくれるのは消費者ですから。

素材となるＣＭ撮影をするか否かで異なりますが、ＣＭの費用は年間およそ3億円前後。弊社の現在の売上が１８０億円ほどですから、ＣＭ費用は売り上げの２％弱くらいでしょうか。私個人としては多いかなと思いますが、この比率で社名を浸透できるなら、効率的だといえるのでしょうね。

また、ＣＭを続けてきたからこそ社名が浸透し、最近はリクルーティングにもＣＭ効果があると感じています。

「正解は越後製菓」は当社の財産

今も鏡餅、餅がメインで、米菓のＣＭはしていません。でも、本当は米菓の販売促進もしていきたいと考えていますが、餅と違って米菓が売れる時期は読みにくく、なかなか難しいと思っています。

例えば、２００５年に発売を開始した、米菓商品のひとつ「ふんわり名人」が２００６年から２００７年にかけて大ブレイクしましたが、それが「ＣＭをしている越後製菓の商品だから」といって売れたわけじゃないと思っています。越後製菓の商品と気づかない消費者も多かったのではないでしょうか。

改めて思ったのが、商品力ありきだと。社名が浸透したからといって、すぐに商品

が売れるようになるかといったら、そうではないと実感しました。

では、餅以外はCMをやらないかというとそうではありません。先行投資のつもりでパックごはんのCMは始めました。ライバル会社を意識して、越後製菓のパックごはんをアピールすることが目的です。

そこで高橋英樹さんの娘の高橋真麻さんに着目しました。フリーアナウンサーになったため、「越後侍と町娘」という設定で高橋英樹さんと親子共演できないかと打診したところ、了解を得られたので実現しました。そのＣＭでも外せないのが「正解は越後製菓」です。もう、私たちの会社にとっては財産になっているキャッチフレーズです。

ＣＭを撮るときに大切にしているのは、「何かおかしい」、「クスッと笑える」ということ。侍が早押しボタンを押すこともそうですし、今回のパックごはんＣＭでは、着物を着た侍と町娘が、現代のキッチンでやりとりしています。

どこかおかしいところが、人々の印象に残るんでしょうね。

それにしても、高橋英樹さんを起用して20年近くも一貫したイメージでＣＭできていることは大きいですね。高橋さんは今でもクイズ番組やバラエティ番組などテレビで活躍していますし、良いイメージがある俳優さんです。

今回の親子共演も高橋さんだったからできた企画。本当にいいキャスティングができてよかったと思います。ターゲット層にもマッチしていますしね。

今後もいろんな展開をしていくと思いますが、忘れられないためにも「正解は越後製菓」のキャッチフレーズは貫きたいと考えています。

第4章

敗者復活、CMを再開、果たしてその結果は……

ＣＭをやってはみたけど、さほどの効果が感じられないという理由でやめてしまった会社が、ＣＭを再開したいという相談があった。

２０１６年10月、新たに打ち合わせがしたいということで、私と弊社の担当の高田とでその会社に出向いた。

その会社は、リンリンという。

元々は、エステで使う施術用の機械の製造販売会社なのだが、取引先のエステのチェーン店が廃業すると聞き、その店舗を引き取る形で店舗の経営にも乗り出した会社だ。現在、57店の店舗を構える中堅どころのエステチェーンである。メインは脱毛美容、自社ビルも構え業績は順調だ。

ちなみに、この会社は弊社から徒歩５分も掛からないところにある、最も近いクライアントであった。

ＣＭはその結果如何で、一発で出稿を失う。放送している時から、結果は出ているか、いないか、ドキドキである……。

結果、失ったときは、かなりの喪失感があるのだが。

「どうして再開なのか……」疑問を持ちつつ、久しぶりの訪問にちょっと戸惑う。何か悪いことをしたような気になるのだ。結果が出ないということは、クライアントに迷惑を掛けたということに他ならないからだ。

一階で電話を掛け、担当の浅野さんに来社を告げた。

案内の女性がやってきて、会議室があるフロアーへ案内された。

そういえば、最初の打ち合わせの時も、こんな感じだったなぁと。

この会社の会議室はとっても、特徴がある。

それは壁一面に、エリアに分けられた店舗名とその下に社員の顔写真が貼ってあるのだ。

57の店舗と200名以上の女性の顔写真。圧巻だ。

そしてその店舗名の所に、1とか、2とか、数字が書かれている。これは、その店舗に人員が足りているのか、何人足らないのか、が書かれているのだ。

会議の時に、人員配置は重要な要素ゆえ、議案になるのだろう。


その女性達の顔写真を見ていたら、浅野さんが入ってきた。

「前回はお世話になりました」とご挨拶をしたのち、浅野さんは、切り出した。

「実は、今回CMを再開するにあたり、新しい人が入りまして、その方を中心として進めていきたいのです」

「そうなんですね」

「もうじき来ますから、ちょっと待ってください」

浅野さんに、前回のCMの結果などを聞いていると、コンコンとドアのノック音がして、太めの大柄な男性が入ってきた。「ドラえもん」のジャイアンを少しおとなしめにした感じである。

「初めまして、小林と言います」

小林さんは東京に住んでいた。しかし、今回、リンリンの松浦社長の招聘により広告宣伝部門の一端を担うこととなったという。そのため、名古屋に引っ越したという。

では、ここで以前のCMの経緯を改めて振り返ろう。

株式会社 リンリン

創　業　2003年（平成15年）
資本金　1300万円
代表者　代表取締役　松浦喜美恵
社員数　215名
本　社　愛知県名古屋市中区栄5-10-3
事業内容　エステティックサロンの運営
関連会社　株式会社リッシュプラス、株式会社リッシュテクノ

浅野未希氏

広報企画課

新しい集客方法としてテレビCMを選択

２０１５年の秋に、当社では初めてのテレビＣＭを出しました。それまでも宣伝広告には力を入れていたのですが、伸び悩んでいたことが大きいですね。そこで、まずは新しい集客方法としてテレビＣＭを試してみて、様子を見ようということになったんです。

「リンリンちゃん」というマスコットキャラクターがあるのですが、集客の一環としてＬＩＮＥスタンプを作りました。登録すれば、脱毛をプレゼントするキャンペーンを実施するので、それに合わせたテレビＣＭを作ることにしました。

脱毛サロンなので、夏は多忙な時期。落ち着きをみせる秋に1ヶ月限定でＣＭを放送するという計画を立てました。

当社の宣伝広告は、各エリアのフリーペーパーと、アフィリエイト広告を中心としています。東海エリアを中心に、関東から西は四国、中国エリアまでと広範囲です。そのため、エリアごとに店舗を中心としてエリアに密着したフリーペーパーに毎月50紙ほど、広告を掲載しています。

それでも、集客のメインとなっているのは、お客様からのご紹介や口コミなんです。

一時期、リスティング広告（Ｙａｈｏｏ！やＧｏｏｇｌｅの検索結果に表示する広告）も試してみましたが、あまり効果がなかったので今はやっていません。

集客を目的とした広告は、いろいろと展開しているほうだとは思いますね。

初めてのCM作りは、災い転じて福となす？

ただ、テレビＣＭは初めてのこと。

どこに頼めばいいかわからず、まずはネットで検索して対応してくれるところを探したんです。そうしてたどり着いたのが、メディアジャパンさんでした。
正直、名古屋でもＣＭが作れることを初めて知りました(笑)
今は、社屋を建てたのですが、以前うちが入っていたビルにメディアジャパンさんがいたので、さらにビックリしました(笑)
まさに灯台もと暗しですね。
会社も近いし、テレビ番組やＣＭなど、動画を作っている会社だったので、ここなら大丈夫だろうと思い依頼しました。

エステサロンって、ＣＭを放送するのにハードルが高いと、宮崎さんからは指摘がありました。実際の施術シーンや機器を使っている所などは一切、動画として使えないと。永久とか、完全脱毛などの言葉も使えない。
そう言ったこともあって、「脱毛サロン・リンリンをアピールしつつ、ＬＩＮＥキャンペーンを告知する」という内容で社長のＯＫが出ました。

そして制作するという段階で、予定していた元アイドルのモデルが急遽キャンセルになったんです。新しくモデルを探す時間もない。そんな状況を見て社長が「じゃあ、うちの娘を出せばいいよ」ということになり、無事に解決しました（笑）
だから、ＣＭに出ているのは社長の娘さんです。もちろん素人なのですが、その分、温かい雰囲気が出ていて、結果的には良かった気がします。
今は、社長の娘さんはうちの社員として店舗で働いていますよ。

CMによる集客効果はわかりにくい

ＣＭの成果は、よくわからないというのが正直なところですね。フリーペーパーなどでもキャンペーン案内はしていましたし、店舗では友だち紹介によるキャンペーンも実施していましたから。

初めてご来店された方には、当店をどのように知ったのかといったアンケートを実施しているんです。その結果を、広告の効果として判断しているのですが、「テレビＣＭを見て」という答えはひと桁程度だった気がします。

ただ、テレビＣＭを見た後にホームページをチェックしたり、フリーペーパーを見て「あ、テレビＣＭをやっていたところだ」と思って来店したとしても、たいていのお客様は、来店のきっかけは「ホームページ」や「フリーペーパー」と書かれると思うんです。

さまざまな媒体を使ったキャンペーンであったことも影響していますが、テレビＣＭは効果を判断しにくいなぁと感じています。

社内での反響は大きく、モチベーションアップに

ただ、店舗スタッフから「ＣＭを見ました」とか「テレビＣＭをやっている会社と知って、親が安心してくれました」といった声が数多く届いています。

スタッフのモチベーションを上げ、家族に安心感を与えられたのは大きいですね。

また、今回は東海エリアでの放送だったのですが、他のエリアのスタッフから「こちらでもテレビＣＭを流して知名度を上げて欲しい」という声も多かったですね。名古屋市を中心とした東海エリアは、ある程度の知名度はありますが、他のエリアはや

はり、その地元で有名なサロンがあるなどして、苦戦しているケースもあるんです。
地方ほどCMの効果は高いかもしれませんね。

知名度アップが集客やリクルーティングにつながる

「家族に安心してもらう」ために、テレビCMの動画をDVDにコピーしてスタッフ全員に配布しました。「エステサロンに勤めている」ことで心配されているスタッフの親御さんも、やはりいらっしゃるんですよね。

これは、業界全体としていえることですが、接客業であるためか離職する人もいます。また、エステ業界で何か問題があると、エステ業界全体が「あやしい」というイメージにつながってしまうんです。

女性中心の職場なので、時短勤務や産休・育休などは充実させています。

また、全店のスタッフが集まる際には、子どもがいる人たちにギフト券をサプライズでプレゼントしたり、社屋の屋上でバーベキューをしたりすることもあるんです。とてもアットホームな会社だと思うんですけどね。

これも、地方においては知名度が低いことも影響していると感じています。お店のことを知らないと、応募しようとは思わないでしょうから。

これまでは集客のための広告やテレビＣＭを意識していましたが、リクルーティング目的のテレビＣＭがあってもいいのかもしれません。

毎週のように求人広告を出しても全く応募がないエリアもあります。本当、求人には苦労しています。

求人は人事部、宣伝は広報部と部署が分かれていますが、ＣＭでリクルーティグできるなら、部の一体化も視野に入れて考えたいですね。

そうすると使える予算も増えますから。

著者からのこぼれ話

結果はこうなってしまいましたが、私はかなり楽しませていただきました。

ＣＭの提案時に、店名がリンリンだからフィンガーファイブの「学園天国」を使った絵コンテを提案しました。冒頭の歌い出しが「リンリンリリン」ですからね。

ダントツに伝わりやすいと、プレゼン現場では受けましたが、結果的に実現はし

ませんでした（涙）
実は、有名な楽曲を使うのにはかなりメリットがあります。インパクトがあるのはもちろんですが、その楽曲を使うには、アーティストの所属事務所とアーティスト本人の承認が必要です。著作権使用料など、予算の問題もありますが、知名度があるアーティストの曲を使うことで、グッと信頼度が高まるからです。

さて、話を戻そう、小林さんの登場である。

CMの再開ということで小林さんの登場はそのテコ入れである。

小林さんは言う。

「私は経営者の勉強会に入っているので、分かるのですが。

世の中にはすごい良い会社がたくさんあるんだけど、皆、広告活動がヘタだから伝えられていない。正直、これくらいの金額でCMが出来るのだったら、活用しない手はないと思ったんです。

そのことを中小企業の社長って知らないんですよ。

そこで松浦社長に、その金額で出来るなら、もっとCMで広告したらよいのに、と提案したんです」

その提案内容とは、スポーツ女子を応援するということだった。

「今、エステや脱毛サロンはとても競争が激しくなっています。厳しい環境の中で勝ち残るためには、やっていることを理解してもらうための広告が絶対に必要です。リンリンは、女子マラソンなどスポーツ系のスポンサーになる予定です。スポーツをする女性を応援するというスタンスでCMや広告活動を行って行きたいと思っています」

このスポーツを応援というのは、もうひとつ側面がある。

アスリートたちは、肌の露出部分が多い。肌に気を使いましょうというメッセージでもあるのだ。

後日、浅野さんから打ち合わせをしたいとの連絡を頂いた。

訪問すると浅野さんからこう告げられた。

「小林は、うちの専務になりました」と言うのだ。外部スタッフではなく、役員となったのだった。ちょっとした衝撃だった。


そして、小林さんの専務としての仕事の第一弾は、全店舗を回って店の運営の様子を見て回ることと、働く社員を動画で撮影してくることだった。

なぜ、動画を撮影するのか。

リンリンでは、年に一回、全国の店舗の社員が集まる総会がある。

その総会に向けて、57の全店舗の社員を撮影し1本の動画にまとめ、それを見るのだ。その目的は会社の一体感だ。それは、今まで浅野さんが1ヶ月以上かけて全店舗を回って自らの手で撮影してきた。

それを今回は、小林さんがやったのだ。

「今回、店舗を回って思ったことは、お客さんと社員との距離が近いんですよ。これを見てください」と小林さんはアイフォーンをかざし、自ら撮影した動画を見せてくれた。そこには、リンリンとコールするオリジナルソングに合わせて、お客さんと社員が踊っている映像があった。

そのオリジナルソングは小林さん自ら作った。なかなかの芸達者である。

撮影場所は、店舗前や施術室、はたまた近くの公園というものもあった。

踊るお客さんと社員、その背景には店舗の幟を持って振っている社員の姿もあった。どの動画も皆、楽しそうに踊っている。中には、お客さんが水着姿であったり、施術中であろうか、胸元のバスタオルがずり落ちそうな女性もいたり、子供を抱いている女性の姿もあった。

私は思わず、「小林さん、この動画、良く撮れてますよ、すごく良いです」とつぶやいた。

私はその動画を見たとき、「スポーツ女子を応援するというより、お客さんとの距離感が近いと感じるこの動画の方が、リンリンの雰囲気がうまく伝わるのではないか」と感じた。ここで脱毛してきれいになって良かった、というメッセージが伝わるのである。そうでなかったら、お客さんはリンリンの撮影には応じないであろう。

もう1つ感じたことがある。

小林さん、現場の演出が上手いのだ。

通常、初めて会った人の前で、笑顔で撮影に応じてくれる人は少ない。私たちは撮影をする際には、取材対象者がなるべく緊張しないよう、笑顔で接し、懐に入ろうとする。そうしないと緊張感あふれる映像になってしまうからだ。

撮影しているカメラマンと撮影対象者であるお客さんと、リンリンの社員という3つが一体化しないと、楽しいという雰囲気は出ない。

音楽をかけて「はい、どうぞ」と言ったところでそんな簡単には動いてくれない。おそらく、撮影前にこういうふうにやってと、自ら踊ったのだと思われる。ちょいデブのおっさんが、お腹を揺らしながら踊ることによって、場は盛り上がったかどうかは分からないが、きっと和んだと思う（笑）

そのあたりが上手いのだ。

あと、撮影場所を店舗ごとに店内、店舗前、公園などバリエーションを持たせているのも上手いと思う。普通の人が撮ると、大方同じ場所で撮ってしまうことが多い。そのあたりの絵心というか、演出ができている。素人を越えた素人だ。

後日。私の願った通り、この小林さんが撮った動画を元にして、ＣＭを制作することとなった。

そして、編集も小林さんが担当することとなった。

それにしてもスゴイ時代である。アイフォーンで撮影した映像がＣＭとなって、テレビ放送されるのである。しかも、撮影もプロのカメラマンでもない。

ＣＭ再開、第一弾となる今回。

今までまったく店舗を出していない愛媛県の松山店のＰＲが目的となった。新規出店エリアだけに知名度はゼロ。大苦戦中らしいのだ。

そこでテコ入れ策としてCMを投入することとなったのだ。

エステ、脱毛サロンというのは、考査基準が厳しい。

地方ローカル局とはいえど、決して甘くはない。

バスタオル姿は施術をイメージするので、考査は通らないであろう、ならば、水着のお客さんはどうだろうか……。

さらに告知内容は、愛媛で57店舗目だから、57%オフキャンペーンという驚きの内容である。

こんな派手な内容で果たして考査は通るのであろうか。

最初の考査なので、一番、難易度を高くして出して様子を見ようと、結局、この形で考査を通すことにした。

もう1つ問題がある。

この動画は元々は、社内用に使うということでお客さんの許可を取っている。それをテレビＣＭとして放送するとなると話は別だ。

特にこの水着のお客さんのＣＭ使用許可を得なくてはならない。

各店に連絡して許可取りを依頼した。


ちなみに、どうしてお客さんが水着姿なのか。最初から水着を持ってきてと依頼したのだろうか。

小林さんの話によると、ちょうどプールに行く前に店舗に立ち寄ったらしく、話の経緯で水着での撮影となったらしい。

きっとビキニの水着が着たくて脱毛したのだから、それは披露したいという気持ちもあったと思われる。

このあたり、運が良いというか、小林さん何か持っているのである。

愛媛の局は2局に決めた。その考査の回答は意外にあっさりしたモノだった。

「絵コンテ、受理します」

ちょっと拍子抜けした。

リンリン様　愛媛 松山店オープン告知 CM　パターン2

♪BGM
リンリンオリジナルソング

リズムにのって踊る
スタッフとお客さま
「お客さま」のテロップ入り

(NA)

水着で登場するお客さま
回ってポーズをとる

告知テロップ
検索窓

(NA)

小林さんがＣＭ用に15秒に編集をし、テロップつけと色調の調整など最終編集はスタジオで行った。さらにエンドのコメントはリンリンの愛知県岡崎店に勤務する社員さんの声を収録した。

こうして、オールリンリン社員による手作りＣＭは完成した。後は、放送を待つばかりである。

放送は２０１７年１月４日の開始とした。４日から店舗が開くからである。そして放送量は15秒ＣＭを１００本あまり投下した。金額にして１００万円の出稿である。

１ヶ月後の２月半ば。

放送した結果が出ている頃である。

小林さんから許可をいただき、ドキドキしながら松山店の松浦さんに電話した。

このドキドキには２つの理由がある。

脱毛サロンなので、男子禁制、女性の園への電話、もう1つは反響だ。

以下、その電話内容である。

■インタビュー

松浦氏　株式会社リンリン　松山店スタッフ

全く知名度がないエリアですので、店舗立ち上げ当初は、地元のフリーペーパーに広告を打つのと、近所の住宅にポスティングしました。

しかし、反応は微妙でした。

そこで、強化のため、駅前で若い女性を中心にチラシを手渡しすることにしたんです。

でも、なかなか、受け取ってもらえない。

知名度がないことを改めて痛感しました。それと同時に、名古屋で配布している感じと違うと、気が付いたんです。

なんと言うか、ちょっと恥ずかしい目というか、脱毛サロンのチラシをもらうことに、恥じらいを感じるような雰囲気なんですね。

地域性があるのだなぁと思いました。

そんな中、今回のＣＭの放送があったんです。

私から見て、ＣＭの内容は身近な店というか、お客さんとの距離が近い店ということが伝わるから良い内容だと思いました。

他と違うから、ある意味、衝撃的でした。

放送当初は、ちらほらと反応がありました。

というのは、うちはアンケートで来店理由を必ず聞くようにしているので、ＣＭを見て来店したというのは、ハッキリ分かるのですね。

当初はちらほらだったお客さんが後半からは、ぐっと増えてきたんです。

浸透したということでしょうか。

結果、新規のお客さんは26件、増えました。

数で言うとあまりたいした数には聞こえないのですが、売り上げで言いますと、一ヶ月の予算達成以上です。

CMの効果は絶大でした。

ホント良かったです。ありがとうございました。


やったーである。

この結果を受けてであろう、小林さんからも連絡があった。

東海三県と静岡でもCMをやりたいから、打ち合わせがしたいと。

CMってやり方次第で、まだまだ効きますね。

宮崎敬士（みやざき・けいじ）

1964 年生まれ。報道・ドキュメンタリー番組のディレクターを経て 2003 年、映像制作会社メディアジャパン株式会社を設立。同年、広告代理店メディアジャパンエージェンシー株式会社も設立。CM や番組を、制作から放映まで一貫して扱えるようになった。現在、全国のテレビ局の約 7 割と取引を行う。著書に『テレビに「取材される方法」教えます。』（しののめ出版）、『小さな会社でもできる「テレビ CM 完全ガイド」』（サイゾー）などがある。

●メディアジャパン　www.me-ja.co.jp
●メディアジャパンエージェンシー　www.mj-ag.co.jp

これで、成功《せいこう》!
テレビCMのウラオモテを教《おし》えます

2017年5月15日発行

著　者　宮崎敬士
発行人　佐久間憲一
発行所　株式会社牧野出版
〒135-0053
東京都江東区辰巳1-4-11　ST ビル辰巳別館5F
電話 03-6457-0801
ファックス（注文）03-3522-0802
http://www.makinopb.com
印刷・製本　中央精版印刷株式会社

内容に関するお問い合わせ、ご感想は下記のアドレスにお送りください。
dokusha@makinopb.com
乱丁・落丁本は、ご面倒ですが小社宛にお送りください。送料小社負担でお取り替えいたします。

ISBN978-4-89500-214-1